全国"七五"普法系列教材
QUANGUO QIWU PUFA XILIE JIAOCAI

U0679376

社区居民
学法用法读本

中国社会科学院法学研究所法治宣传教育与公法研究中心◎组织编写

总顾问：张苏军

总主编：李　林　　本册主编：艾其来　邵　波

中国出版集团
中国民主法制出版社

全国百佳图书
出版单位

图书在版编目（CIP）数据

社区居民学法用法读本：以案释法版 / 中国社会科学院法学研究所法治宣传教育与公法研究中心组织编写. -- 北京：中国民主法制出版社，2016.6

全国"七五"普法系列教材

ISBN 978-7-5162-1234-9

Ⅰ. ①社… Ⅱ. ①中… Ⅲ. ①法律－中国－普及读物 Ⅳ. ①D920.5

中国版本图书馆CIP数据核字(2016)第149166号

所有权利保留。

未经许可，不得以任何方式使用。

责任编辑 / 郭槿桉

装帧设计 / 郑文娟　张照雷

书　　名 / 社区居民学法用法读本（以案释法版）

作　　者 / 艾其来　邵　波

出版・发行 / 中国民主法制出版社

社　　址 / 北京市丰台区右安门外玉林里7号（100069）

电　　话 / 010-62155988

传　　真 / 010-62151293

经　　销 / 新华书店

开　　本 / 16开　710mm×1000mm

印　　张 / 9.625

字　　数 / 158千字

版　　本 / 2017年1月第2版　　2017年1月第1次印刷

印　　刷 / 北京精乐翔印刷有限公司

书　　号 / ISBN 978-7-5162-1234-9

定　　价 / 24.00元

出 版 声 明 / 版权所有，侵权必究。

（如有缺页或倒装，本社负责退换）

丛书编委会名单

总　顾　问：张苏军

主　　　任：李　林　刘海涛

委　　　员：李　林　陈　甦　陈泽宪　孙宪忠　刘作翔　李明德

　　　　　　王敏远　周汉华　邹海林　莫纪宏　田　禾　熊秋红

　　　　　　张　生　沈　涓　刘海涛　赵卜慧　陈晗雨　陈百顺

　　　　　　沙崇凡　艾其来　吴丽华　宋玉珍　陈禄强　栾兆安

办公室主任：莫纪宏　陈百顺

办公室成员：谢增毅　廖　凡　李　忠　李洪雷　陈欣新　陈根发

　　　　　　翟国强　刘小妹　李　霞　戴瑞君　聂秀时　李长涛

　　　　　　邵　波　赵　波　胡俊平　陈　娟　严月仙　罗　卉

　　　　　　张静西　马凤燕　杨　文　刘佳迪　郭槿桉

总　序

搞好法治宣传教育
营造良好法治氛围

　　全面推进依法治国，是坚持和发展中国特色社会主义，努力建设法治中国的必然要求和重要保障，事关党执政兴国、人民幸福安康、国家长治久安。

　　我们党长期重视依法治国，特别是党的十八大以来，以习近平同志为核心的党中央对全面依法治国作出了重要部署，对法治宣传教育提出了新的更高要求，明确了法治宣传教育的基本定位、重大任务和重要措施。十八届三中全会要求"健全社会普法教育机制"；十八届四中全会要求"坚持把全民普法和守法作为依法治国的长期基础性工作，深入开展法治宣传教育"；十八届五中全会要求"弘扬社会主义法治精神，增强全社会特别是公职人员尊法学法守法用法观念，在全社会形成良好法治氛围和法治习惯"；十八届六中全会要求"党的各级组织和领导干部必须在宪法法律范围内活动，决不能以言代法、以权压法、徇私枉法"。习近平总书记多次强调，领导干部要做尊法学法守法用法的模范。法治宣传教育要创新形式、注重实效，为我们做好工作提供了基本遵循。

　　当前，我国正处于全面建成小康社会的决定性阶段，依法治国在党和国家工作全局中的地位更加突出，严格执法、公正司法的要求越来越高，维护社会公平正义的责任越来越大。按照全面依法治国新要求，深入开展法治宣传教育，充分发挥法治宣传教育在全面依法治国中的基础作用，推动全社会树立法治意识，为"十三五"时期经济社会发展营造良好法治环境，为实现"两个一百年"奋斗目标和中华民族伟大复兴的中国梦作出新贡献，责任重大、意义重大。

　　为深入贯彻党的十八大和十八届三中、四中、五中、六中全会精神，贯彻落实习近平总书记系列重要讲话精神特别是依法治国重要思想，深入扎实地做好"七五"普法工作，中国社会科学院法学研究所联合中国民主法制出版社，经过反复研究、精心准备，特组织国内从事法律教学、研究和实务的专家学者，在新一轮的五年普法规划实施期间，郑重推出"全面推进依法治国精品书库（六大系列）"，即《全国"七五"普法系列教材（以案释法版,25册）》《青少年法治教育系列教材（法治实践版,

30册)》《新时期法治宣传教育工作系列丛书（30册）》《"谁执法谁普法"系列丛书（以案释法版，80册）》《"七五"普法书架——以案释法系列丛书（60册）》和《"谁执法谁普法"系列宣传册（漫画故事版，100册）》。六套丛书均注重采取宣讲要点、以案释法、图文并茂、通俗易懂的形式，紧紧围绕普法宣传的重点、法律规定的要点、群众关注的焦点、社会关注的热点、司法实践的难点，结合普法学习、法律运用和司法实践进行了全面阐释。丛书涵盖了中国特色社会主义法律体系的方方面面，系统收录了各类法律法规和规章，筛选了涉及经济、政治、文化、社会和生态文明建设的各类典型案例，清晰展现了法律教学研究和司法工作的生动实践，同时兼顾了领导干部、青少年学生、工人和农民等不同普法对象的学习需求，具有很强的实用性和操作性，对于普法学习、法学研究和司法实务均具有较好的参考价值。

丛书的出版，有助于广大公民深入学习中央关于全面推进依法治国的战略布局，系统掌握宪法和法律规定，学会运用多样的权利救济途径表达诉求、维护合法权益；有助于广大行政执法人员和法律工作者进一步优化知识结构，丰富相关法律知识储备，强化能力素质和提高工作水平；有助于广大司法实务工作者准确把握法律应用方面的最新进展，解决实际工作中存在的司法疑难问题。

诚然，中国特色社会主义的建设日新月异，依法治国的实践也在不断丰富和发展。丛书出版后，还需要结合普法实践新进展，立法工作新动态和执法司法新需求，及时进行修订完善和内容更新，以确保读者及时、准确掌握中央全面推进依法治国的新要求、立法执法的新进展，使丛书的社会应用价值不断提升。

全面建成小康社会、实现中华民族伟大复兴的中国梦，必须全面推进依法治国；落实依法治国基本方略，必须不断提高全社会的法律应用水平。衷心希望这六套丛书的出版，能够在普法学习宣传、法学理论研究和教学、法律工作实务方面起到应有作用，切实有助于广大公务人员能够更好地运用法治思维和法治方式推动工作，带头在宪法法律范围内活动；有助于执法司法工作人员始终坚持严格执法、公正司法，不断提升执法司法能力；有助于广大干部群众坚持依法治理，加强法治保障，运用法治思维和法治方式化解社会矛盾，更好地营造学法尊法守法用法的良好氛围。

本书编委会
2016年10月

目　　录

第一章　全面推进依法治国的重大战略布局

本 · 章 · 要 · 点

★ 依法治国，就是广大人民群众在党的领导下，依照宪法和法律规定，通过法定形式管理国家事务，管理经济文化事业，管理社会事务，保证国家各项工作都依法进行，逐步实现民主制度化、法律化，建设社会主义法治国家。

★ 全面推进依法治国，是我们党从坚持和发展中国特色社会主义，实现国家治理体系和治理能力现代化，提高党的执政能力和执政水平出发，总结历史经验、顺应人民愿望和时代发展要求作出的重大战略布局。

★ 全面推进依法治国，必须坚持中国共产党的领导，坚持人民主体地位、坚持法律面前人人平等，坚持依法治国和以德治国相结合，坚持从中国实际出发。

★ 坚持依法治国、依法执政、依法行政共同推进，坚持法治国家、法治政府、法治社会一体建设，实现科学立法、严格执法、公正司法、全民守法，促进国家治理体系和治理能力现代化。

第一节　依法治国方略的形成与发展过程

依法治国，从根本上讲，就是广大人民群众在党的领导下，依照宪法和法律规定，通过法定形式管理国家事务、管理经济文化事业、管理社会事务，保证国家各项工作都依法进行，逐步实现民主制度化、法律化，建设社会主义法治国家。

全面推进依法治国的提出，是对我们党严格执法执纪优良传统作风的传承，是对党的十五大报告提出的"依法治国，建设社会主义法治国家"的深化。历史地看，我们党依法治国基本方略的形成和发展，经历了一个长期的探索发展过程。

早在革命战争年代，我党领导下的革命根据地红色政权就陆续制定和颁布过《中华苏维埃共和国宪法大纲》《中国土地法大纲》《陕甘宁边区施政纲领》等一系列法律制度规定，为新生红色政权的依法产生和依法办事，为调动一切抗日力量抵御外来侵略者，为解放全中国提供了宪法性依据和法律遵循。遵守法纪、依法办事成为这一时期党政工作的一大特色。尽管从总体上看，为适应战时需要，当时主要实行的还是政策为主、法律为辅，但在战争年代，尤其是军事力量对比实力悬殊的情况下，我们党依然能够在革命根据地和解放区坚持探索和实践法制建设，充分显示了一个无产阶级政党领导人民翻身解放、当家作主的博大胸怀。

1949年中华人民共和国的建立，开启了中国法治建设的新纪元。从1949年到20世纪50年代中期，是中国社会主义法制的初创时期。这一时期中国制定了具有临时宪法性质的《中国人民政治协商会议共同纲领》和其他一系列法律、法令，对巩固新生的共和国政权，维护社会秩序和恢复国民经济，起到了重要作用。1954年第一届全国人民代表大会第一次会议制定的《中华人民共和国宪法》，以及随后制定的有关法律，规定了国家的政治制度、经济制度和公民的权利与自由，规范了国家机关的组织和职权，确立了国家法制的基本原则，初步奠定了中国法治建设的基础。20世纪50年代后期以后，特别是"文化大革命"十年（1966年—1976年）动乱，中国社会主义法制遭到严重破坏。

20世纪70年代末，中国共产党总结历史经验，特别是汲取"文化大革命"的惨痛教训，作出把国家工作中心转移到社会主义现代化建设上来的重大决策，实行改革开放政策，并明确了一定要靠法制治理国家的原则。为了保障人民民主，必须加强社会主义法制，使民主制度化、法律化，使这种制度和法律具有稳定性、连续性和权威性，使之不因领导人的改变而改变，不因领导人的看法和注意力的改变而改变，做到有法可依，有法必依，执法必严，违法必究，成为改革开放新时期法治建设的基本理念。在发展社会主义民主、健全社会主义法制的基本方针指引下，现行宪法以及刑法、刑事诉讼法、民事诉讼法、民法通则、行政诉讼法等一批基本法律出台，中国的法治建设进入了全新发展阶段。

20世纪90年代，中国开始全面推进社会主义市场经济建设，由此进一步奠定了法治建设的经济基础，也对法治建设提出了更高的要求。1997年召开的中国共产党第十五次全国代表大会，将"依法治国"确立为治国基本方略，将"建设社会主义法治国家"确定为社会主义现代化的重要目标，并提出了建设中国特色社

会主义法律体系的重大任务。1999年，将"中华人民共和国实行依法治国，建设社会主义法治国家"载入宪法。中国的法治建设揭开了新篇章。

进入21世纪，中国的法治建设继续向前推进。2002年召开的中国共产党第十六次全国代表大会，将社会主义民主更加完善，社会主义法制更加完备，依法治国基本方略得到全面落实，作为全面建设小康社会的重要目标。2004年，将"国家尊重和保障人权"载入宪法。2007年召开的中国共产党第十七次全国代表大会，明确提出全面落实依法治国基本方略，加快建设社会主义法治国家，并对加强社会主义法治建设作出了全面部署。

2012年，党的十八大召开以来，党中央高度重视依法治国。2014年，党的十八届四中全会专门作出《中共中央关于全面推进依法治国若干重大问题的决定》，描绘了全面推进依法治国的总蓝图、路线图、施工图，标志着依法治国按下了"快进键"、进入了"快车道"，对我国社会主义法治建设具有里程碑意义。在新的历史起点上，我们党更加重视全面依法治国和社会主义法治建设，强调落实依法治国基本方略，加快建设社会主义法治国家，必须全面推进科学立法、严格执法、公正司法、全民守法进程，强调坚持党的领导，更加注重改进党的领导方式和执政方式；依法治国，首先是依宪治国；依法执政，关键是依宪执政；新形势下，我们党要履行好执政兴国的重大职责，必须依据党章从严治党、依据宪法治国理政；党领导人民制定宪法和法律，党领导人民执行宪法和法律，党自身必须在宪法和法律范围内活动，真正做到党领导立法、保证执法、带头守法。

现在，全面建成小康社会进入决定性阶段，改革进入攻坚期和深水区。我们党面对的改革发展稳定任务之重前所未有、矛盾风险挑战之多前所未有，依法治国在党和国家工作全局中的地位更加突出、作用更加重大。全面推进依法治国是关系我们党执政兴国、关系人民幸福安康、关系党和国家长治久安的重大战略问题，是完善和发展中国特色社会主义制度、推进国家治理体系和治理能力现代化的重要方面。我们要实现党的十八大和十八届三中、四中、五中全会作出的一系列战略部署，全面建成小康社会、实现中华民族伟大复兴的中国梦，全面深化改革、完善和发展中国特色社会主义制度，就必须在全面推进依法治国上作出总体部署、采取切实措施、迈出坚实步伐。

严肃法纪、引以为戒

【案情介绍】1937年10月5日傍晚，延河边刮着寒风，河滩上扬着尘土，红军抗日军政大学第三期6队队长黄克功与第二期15队学员刘茜沿河滩漫步。两人因情感纠葛再次发生争执。黄克功为了挽回这段恋情，情急之下拔出手枪。本想吓阻刘茜改变主意、回心转意，可他得到的回应是冷峻的眸子、厉声的斥责和响亮的耳光。呼！呼！黄克功手里的勃朗宁手枪响了……

"黄克功事件"在边区内外引起了巨大的反响。一时间，人们议论纷纷，有的探询事件细节，有的揣测如何处理。有人主张，黄克功刚刚经过二万五千里长征，是红军的重要干部，民族解放战争正需要这样的人去冲锋陷阵，应当给他戴罪立功的机会。

在黄克功提出戴罪立功请求，干部群众提出依法偿命和从轻发落不同意见的情况下，作为时任陕甘宁边区高等法院代院长、本案审判长的雷经天，在坚持依法审理的同时，又及时向毛泽东主席报告了案情和惩处意见。

鉴于本案案情重大，具有典型的法制教育意义，边区政府及高等法院根据党中央的指示，于10月11日在被害人所在单位——陕北公学大操场，召开了数千人的大会，进行公开审判。公审大会上，雷经天接到并当着黄克功本人的面，当场宣读了毛主席的回信。

雷经天同志：

你及黄克功的信均收阅。

黄克功过去的斗争历史是光荣的，今天处以极刑，我及党中央的同志都是为之惋惜的。但他犯了不容赦免的大罪，一个共产党员、红军干部而有如此卑鄙的、残忍的、失掉党的立场的、失掉革命立场的、失掉人的立场的行为，如赦免他，便无以教育党，无以教育红军，无以教育革命，根据党与红军的纪律，处他以极刑。正因为黄克功不同于一个普通人，正因为他是一个多年的共产党员，正因为他是一个多年的红军，所以不能不这样办。共产党与红军，对于自己的党员与红军成员不能不执行比一般平民更加严格的纪律。当此国家危急革命紧张之时，黄克功卑鄙无耻残忍自私至如此程度，他之处死，是他自己的行为决定的。一切共产党员，一切红军指战员，一切革命分子，都要以黄克功为前车之鉴。请你在公审会上，当着黄克功及到会群众，除宣布法庭判决外，并宣布我这封信。对刘茜同志之家属，应给以安慰与体恤。

毛泽东

1937年10月10日

随着雷经天宣读的声音停止，大家再将目光转向黄克功时，如梦初醒的他，高高地扬起头，连呼"中华民族解放万岁！""打倒日本帝国主义！""中国共产党万岁！"口号三遍，呼罢，跟着行刑队走出会场……

【以案释法】法治是治国理政的重要途径，是社会秩序的根本保障，是文明进步的显著标志。黄克功一案的处理从一个侧面反映，我们党历来有着严肃法纪、强调依法办事的优良传统。红色根据地时期，我们党立即在夺取政权后的边区治理中注重立法、完备法制，并严格依法办事，为新中国成立后的法治建设奠定了基础。

时任抗大副校长的罗瑞卿强调："黄克功敢于随便开枪杀人，原因之一就是自恃有功，没有把法律放在眼里，如果我们不惩办他，不是也没有把法律放在眼里吗？任何人都要服从法律，什么功劳、地位、才干都不能阻挡依法制裁。"黄克功案判决书中也载明："刘茜今年才16岁，根据特区的婚姻法律，未达到结婚年龄。黄克功是革命干部，要求与未达婚龄的幼女刘茜结婚，已属违法，更因逼婚未遂，以致实行枪杀泄愤，这完全是兽行不如的行为，罪无可逭。"

著名民主人士李公朴先生评价此案："它为将来的新中国建立了一个好的法律榜样。"

🔍以案释法 ⑫

治国就是治吏

【案情介绍】1952年2月10日，在河北省保定东关校场，两声清脆的枪声，结束了原天津地委书记刘青山、专员张子善的生命。这两个党的高级干部，因贪污腐化而被判处死刑，这在新中国成立之初尚属首次，也是我党建国之后反腐败的第一大案。

刘青山，曾任中共天津地委书记，被捕前任中共石家庄市委副书记。张子善，曾任中共天津地委副书记、天津专区专员，被捕前任中共天津地委书记。经查，在短短的两年内，刘青山、张子善二人先后盗窃国家救济粮、治河专款、干部家属救济粮、克扣民工粮、机场建筑款及骗取国家银行等，总计达170.6272亿元（旧币1万元约折合今人民币1元）。

最后，河北省人民法院在公判大会上宣布，奉中央人民政府最高人民法院令，判处大贪污犯刘青山、张子善死刑，立即执行，并没收其本人全部财产。同案其他各犯另行审判。

【以案释法】刘青山、张子善贪污案，被称为新中国开国第一大案。刘青山和张子善作为战争年代的革命功臣，建国后因居功自傲、贪污腐化堕落成犯罪分子。我们党向党内腐败行为开的第一刀，杀的就是身居高位的刘、张两人。相比今天的巨贪来说，刘青山、张子善的贪污案的案值可能并不算大，那么为什么一定要对他们处以极刑？这在当时是经过审慎权衡的。刘青山、张子善贪污案披露后，在河北省各级干部中引起极大的震动。一些干部特别是当年曾和刘青山、张子善一起出生入死闹革命的干部，感到惋惜，有不少的议论。有的说："他们是有功之臣，不能杀呀！"有的认为："可以判个重刑，让他们劳动改造，重新做人。"有的呼吁："希望中央能刀下留情！"有的感叹："三十多岁正是好年华，说杀就杀了，实在可惜，应该给他们一个立功赎罪的机会。"

由于刘青山、张子善的地位和影响，以及广大干部在认识上的不尽一致，因而对刘、张的量刑十分审慎。在广泛听取各种不同意见的基础上，毛泽东同志明确表示：是要他们俩，还是要新中国？正因为他们两人的地位高，功劳大，影响大，所以才要下决心处决他们。只有处决他们，才可能挽救20个、200个、2000个、2万个犯有各种不同程度错误的干部。我建议重读一下《资治通鉴》。治国就是治吏！我说过的，杀人不是割韭菜，要慎之又慎。但是事出无奈，不得已啊！问题若是成了堆，就要积重难返了啊！

显然，建国之初，我们党从革命党成功转型为执政党，新生的红色政权刚刚建立，战后的中国正值百废待兴之际，端正党风、严肃法纪、惩治贪腐事关民心所向、社稷安危，一旦腐败蔓延开来就会危及党的生死存亡。

🔍 以案释法 ⑬

严格依法办事、坚持从严治党

【案情介绍】2015年5月22日，天津市第一中级人民法院鉴于周永康案中一些犯罪事实证据涉及国家秘密，依法对周永康案进行不公开审理。

天津市第一中级人民法院经审理认为，周永康受贿数额特别巨大，但其归案后能如实供述自己的罪行，认罪悔罪，绝大部分贿赂系其亲属收受且其系事后知情，案发后主动要求亲属退赃且受贿款物全部追缴，具有法定、酌定从轻处罚情节；滥用职权，犯罪情节特别严重；故意泄露国家秘密，犯罪情节特别严重，但未造成特别严重的后果。

根据周永康犯罪的事实、性质、情节和对于社会的危害程度，天津市第一中级人民法院于2015年6月11日宣判，周永康犯受贿罪，判处无期徒刑，剥夺政治权利终身，并处没收个人财产；犯滥用职权罪，判处有期徒刑七年；犯故意泄露国家秘密罪，判处有期徒刑四年，三罪并罚，决定执行无期徒刑，剥夺政治权利终身，并处没收个人财产。

周永康在庭审最后陈述时说，我接受检方指控，基本事实清楚，我表示认罪悔罪；有关人员对我家人的贿赂，实际上是冲着我的权力来的，我应负主要责任；自己不断为私情而违法违纪，违法犯罪的事实是客观存在的，给党和国家造成了重大损失；对我问题的依纪依法处理，体现了全面从严治党、全面依法治国的决心。

【以案释法】周永康一案涉及建国以来第一例因贪腐被中纪委立案审查的正国级领导干部。周永康的落马充分反映了我们党全面从严治党、全面依法治国的坚定决心。说明反腐没有"天花板"，无论任何人，不管位有多高，权有多大，只要违法乱纪，一样要严惩不贷。周永康一案的宣判表明，无论是位高权重之人，还是基层党员干部，都应始终要敬畏党纪、敬畏国法，不以权谋私，切忌把权力当成自家的"后花园"。通过办案机关依法办案、文明执法、讲事实、讲道理，周永康也认识到自己违法犯罪的事实给党的事业造成的损失，给社会造成了严重影响，并多次表示认罪悔罪。

综观周永康一案从侦办、审理和宣判，整个过程都坚持依法按程序办案，很好地体现了"以法治思维和法治方式反对腐败"的基本理念。这充分说明，我们党敢于直面问题、纠正错误，勇于从严治党、依法治国。周永康案件再次表明，党纪国法绝不是"橡皮泥""稻草人"，无论是因为"法盲"导致违纪违法，还是故意违规违法，都要受到追究，否则就会形成"破窗效应"。法治之下，任何人都不能心存侥幸，都不能指望法外施恩，没有免罪的"丹书铁券"，也没有"铁帽子王"。

上述三个案例，尽管时间上跨度很大，分别为新民主主义革命时期、新中国成立初期和中国特色社会主义建设时期，但共同显示出我们党严格依法办事和从严治党的决心与信心没有变。

第二节　全面推进依法治国的重大意义

全面推进依法治国，是我们党从坚持和发展中国特色社会主义、实现国家治理体系和治理能力现代化、提高党的执政能力和执政水平出发，总结历史经验、顺应人民愿望和时代发展要求作出的重大战略布局，具有重大的现实意义和深远的历史意义。

一、全面推进依法治国开启了法治中国建设新的历程

法治是治国理政的重要手段，是政治文明的重要标杆，我们党长期重视法治建设。早在新民主主义革命时期，我们党就在局部执政的革命根据地，颁布宪法法律，探索和实践依法行政。1949年新中国成立，我们党由革命党成功转型为执政党后，宪法和一大批法律法规相继出台，法治建设步入快车道。但由于对社会主义条件下

如何搞法治建设的成功经验不足、思想准备不够、社会基础不牢，以至于"左"倾冒进、急功近利思想逐步占据上风，由反右斗争扩大化逐渐酝酿成灾难性的"文化大革命"。在此期间，各级人民代表大会长期休会，各级人民政府被革命委员会取代，公检法被砸烂，法治被废弛。"文化大革命"的深刻教训再次表明，法治昌明，则国泰民安；法治松弛，则国乱民怨。

1978年党的十一届三中全会郑重提出，为了保障人民民主，必须加强社会主义法制，使民主制度化、法律化，使这种制度和法律具有稳定性、连续性和极大的权威，做到有法可依，有法必依，执法必严，违法必究。1984年10月，党的十二届三中全会明确提出，社会主义经济是在公有制基础上的有计划的商品经济；1992年10月，党的十四大进一步提出了建立社会主义市场经济体制的改革目标，为推进法治建设注入了市场经济的内在动力。1997年9月，党的十五大把依法治国确立为基本治国方略。2002年11月，党的十六大明确提出发展中国特色社会主义民主政治，必须坚持党的领导、人民当家作主、依法治国有机统一。2007年10月，党的十七大提出要全面落实依法治国基本方略，加快建设社会主义法治国家。2012年11月，党的十八大明确提出要全面推进依法治国。2013年11月，党的十八届三中全会明确提出，建设法治中国，必须坚持依法治国、依法执政、依法行政共同推进，坚持法治国家、法治政府、法治社会一体建设。

上述情况表明，在我国，法治建设经历了一个从局部实践到全面实施，从徘徊挫折到坚定不移，从专项部署到整体规划的逐步发展和升华过程。当前，我们党所处的执政方位和执政环境发生了深刻变化，面临着复杂严峻的执政考验、改革开放考验、市场经济考验、外部环境考验，存在着精神懈怠的危险、能力不足的危险、脱离群众的危险、消极腐败的危险。严峻的现实表明，我们党要提高执政能力、巩固执政地位，实现长期执政，就必须更加自觉地运用法治思维和法治方式加强党的执政能力建设，推进党执政的制度化、规范化、程序化，提高依法治国、依法执政水平，巩固党执政的法治基础。正是在这样的关键时刻，2014年11月，党的十八届四中全会就全面推进依法治国的重要性和必要性、全面推进依法治国的指导思想、总体目标、基本原则，以及立法、行政、司法、守法、队伍建设、党的领导等各方面的工作，作了全面部署，开启了法治中国建设新的历程。

二、全面推进依法治国为全面深化改革提供了良好的法治平台

为了确保到2020年实现全面建成小康社会的宏伟目标，党的十八届三中全会作出了全面深化改革的战略部署。当前，我国正处于全面建成小康社会的决定性阶段，改革进入攻坚期和深水区，国际形势复杂多变，国内经济社会发展面临着增长速度换挡期、结构调整阵痛期、前期刺激政策消化期的三期叠加态势。党和国家所面对的改革发展稳定任务之重前所未有、矛盾风险挑战之多前所未有，依法治国在党和国家工作全局中的地位更加突出。此外，经过多年的深化改革，剩下的改革任务都触及最深层次利益关系调整，医疗、教育、住房、食品安全、环境保护等，每个领域的改革都互相牵扯、互相交织、涉及错综复杂的利益再调整。唯有通过全面推进依法治国，发挥法治的引领和保障作用，为全面深化改革提供良好的法治平台，推进国家治理体系和治理能力现代化，才能更好地整合社会利益、化解社会矛盾、凝聚社会力量，使各项改革发展有序推进，各项改革成果惠及全体人民。

三、全面推进依法治国为实现中国梦提供了有力的法治保障

法治作为治国理政的基本方式，作为国家治理体系的重要依托，在党和国家事业发展上，发挥着带有根本性、全局性、稳定性的制度保障作用。推进全面依法治国，不仅有助于极大地巩固党的执政地位，而且可以通过妥善的制度安排和有效的制度执行，确保党的路线方针政策的延续性，进而确保全党、全国上下始终不渝地为实现中华民族伟大复兴的中国梦而努力奋斗。

中国梦的基本内涵是实现国家富强、民族振兴、人民幸福。奋斗目标是，到2020年国内生产总值和城乡居民人均收入在2010年的基础上翻一番，全面建成小康社会；到本世纪中叶建成富强民主文明和谐的社会主义现代化国家。实现中华民族伟大复兴的中国梦，是一项既崇高伟大、又艰巨繁重的历史重任，对国家治理体系和治理能力提出了新的更高的要求。我们党要提高执政能力、巩固执政地位，实现长期执政，就必须更加自觉地运用法治思维和法治方式，加强党的执政能力建设，大力推进党执政的制度化、规范化、程序化，不断巩固党执政的法治基础。

全面推进依法治国，从制度体系上把法治同整个国家的发展、把党领导人民的奋斗目标、人民的幸福生活、社会的和谐稳定等一系列重大问题紧密结合起来，从而为实现中华民族伟大复兴的中国梦提供了有力的法治保障和内生动力。

四、全面推进依法治国是反腐治权的治本之举

全面推进依法治国，形成完备的法律规范体系、高效的法治实施体系、严密的法治监督体系、有力的法治保障体系，完善的党内法规体系，坚持依法治国、依法执政、依法行政共同推进，法治国家、法治政府、法治社会一体建设，实现科学立法、

严格执法、公正司法、全民守法。这对完善权力制约和监督机制，把权力放进法律制度的笼子里，充分运用法治思维和法治方式推进反腐治权，切实从体制、机制和法治上遏制并解决权力腐败问题具有重大意义，是反腐治权的治本之举。

实践表明，尽管公权力腐败表现形式五花八门，公权力腐败原因不尽相同，但归根结底都属于权力寻租。各类主体的腐败，基本上都是政府官员和公职人员，同属掌握和行使公权力者。全面推进依法治国，形成严密的法治监督体系，就是要依法分权治权，从严治官治吏。全面推进依法治国，有助于从制度设计上扎紧反腐防腐的篱笆，使腐败行径受制于将然之时、受惩于已然之际。形成严密的不敢腐、不能腐、不想腐的法治氛围。

第三节　全面推进依法治国必须坚持的基本原则

全面推进依法治国是一项系统工程，是国家治理领域一场广泛而深刻的革命，需要付出长期艰苦努力，这一过程中，既要避免不作为，又要防范乱作为。为此，党的十八届四中全会明确提出了全面推进依法治国必须要坚持的基本原则，即坚持中国共产党的领导，坚持人民主体地位，坚持法律面前人人平等，坚持依法治国和以德治国相结合，坚持从中国实际出发。

一、党的领导原则

党的领导是中国特色社会主义最本质的特征，是社会主义法治最根本的保证。把党的领导贯彻到依法治国全过程和各方面，是我国社会主义法治建设的一条基本经验。我国宪法确立了中国共产党的领导地位。坚持党的领导，是社会主义法治的根本要求，是党和国家的根本所在、命脉所在，是全国各族人民的利益所系、幸福所系。党的领导和社会主义法治是一致的，社会主义法治必须坚持党的领导，党的领导必须依靠社会主义法治。只有在党的领导下依法治国、厉行法治，人民当家作主才能充分实现，国家和社会生活法治化才能有序推进。依法执政，既要求党依宪依法治国理政，也要求党依据党内法规管党治党。实践证明，只有把依法治国基本方略的贯彻实施同依法执政的基本方式统一起来，把党领导立法、保证执法、支持司法、带头守法统一起来，把党总揽全局、协调各方同人大、政府、政协、审判机关、检察机关依法依章程履行职能，开展工作统一起来，把党领导人民制定和实施宪法法律同党坚持在宪法法律范围内活动统一起来，才能确保法治中国的建设有序推进、深入开展。

二、人民主体原则

在我国，人民是依法治国的主体和力量源泉，法治建设以保障人民根本权益为出发点和落脚点。法治建设的宗旨是为了人民、依靠人民、保护人民、造福人民。因此，全面推进依法治国，必须要保证人民依法享有广泛的权利和自由、承担应尽的义务，维护社会公平正义，促进共同富裕。

全面推进依法治国，就是为了更好地实现人民在党的领导下，依照法律规定，通过各种途径和形式管理国家事务，管理经济文化事业，管理社会事务。法律既是保障公民权利的有力武器，也是全体公民必须一体遵循的行为规范，因此全面推行依法治国，必须要坚持人民主体原则，切实增强全社会学法尊法守法用法意识，使法律为人民所掌握、所遵守、所运用。

三、法律面前人人平等原则

平等是社会主义法律的基本属性。法律面前人人平等，要求任何组织和个人都必须尊重宪法法律权威，都必须在宪法法律范围内活动，都必须依照宪法法律行使权力或权利、履行职责或义务，都不得有超越宪法法律的特权。全面推行依法治国，必须维护国家法制统一、尊严和权威，切实保证宪法法律有效实施，任何人都不得以任何借口任何形式以言代法、以权压法、徇私枉法。必须规范和约束公权力，加大监督力度，做到有权必有责、用权受监督、违法必追究。坚决纠正有法不依、执法不严、违法不究行为。

四、依法治国和以德治国相结合原则

法律和道德同为社会行为规范，在支撑社会交往、维护社会稳定、促进社会发展方面，发挥着各自不同的且不可替代的交互作用，国家和社会治理离不开法律和道德的共同发挥作用。全面推进依法治国，必须要既重视发挥法律的规范作用，又重视发挥道德的教化作用，要坚持一手抓法治、一手抓德治，大力弘扬社会主义核心价值观，弘扬中华传统美德，培育社会公德、职业道德、家庭美德、个人品德。法治要体现道德理念、强化对道德建设的促进作用，道德要滋养法治精神、强化对法治文化的支撑作用，以实现法律和道德相辅相成、法治和德治相得益彰。

五、从实际出发原则

全面推进依法治国是中国特色社会主义道路、理论、制度实践的必然选择。建设法治中国，必须要从我国基本国情出发，同改革开放不断深化相适应，总结和运用党领导人民实行法治的成功经验，围绕社会主义法治建设重大理论和实践问题，深入开展法治建设，推进法治理论创新。

第四节　全面推进依法治国的总体要求

十八届四中全会是我党历史上，第一次通过全会的形式专题研究部署、全面推进依法治国问题。全会在对全面推进依法治国的重要意义、重大作用、指导思想和基本原则作了系统阐述的基础上，站在总揽全局、协调各方的高度，对全面推进依法治国进程中的人大、政府、政协、审判、检察等各项工作提出了工作要求。

一、加强立法工作，完善中国特色社会主义法律体系建设和以宪法为核心的法律制度实施

（一）建设中国特色社会主义法治体系，坚持立法先行，发挥立法的引领和推动作用，抓住提高立法质量这个关键

立法工作要恪守以民为本、立法为民理念，贯彻社会主义核心价值观，要符合宪法精神、反映人民意志、得到人民拥护。要把公正、公平、公开原则贯穿立法全过程，完善立法体制机制，坚持立改废释并举，增强法律法规的及时性、系统性、针对性、有效性。坚持依法治国，首先要坚持依宪治国、坚持依宪执政。一切违反宪法的行为都必须予以追究和纠正。

为了强化宪法意识，党和国家还确定，每年12月4日定为国家宪法日。在全社会普遍开展宪法教育，弘扬宪法精神。建立宪法宣誓制度，凡经人大及其常委会选举或者决定任命的国家工作人员正式就职时公开向宪法宣誓。

（二）完善党对立法工作中重大问题决策的程序

凡立法涉及重大体制和重大政策调整的，必须报党中央讨论决定。党中央向全国人大提出宪法修改建议，依照宪法规定的程序进行宪法修改。法律制定和修改的重大问题由全国人大常委会党组向党中央报告。

健全有立法权的人大主导立法工作的体制机制。建立由全国人大相关专门委员会、全国人大常委会法制工作委员会组织有关部门参与起草综合性、全局性、基础性等重要法律草案制度。增加有法治实践经验的专职常委比例。依法建立健全专门委员会、工作委员会立法专家顾问制度。

加强和改进政府立法制度建设，完善行政法规、规章制定程序，完善公众参与政府立法机制。重要行政管理法律法规由政府法制机构组织起草。

明确立法权力边界，从体制机制和工作程序上有效防止部门利益和地方保护主义法律化。明确地方立法权限和范围，依法赋予设区的市地方立法权。

（三）深入推进科学立法、民主立法

加强人大对立法工作的组织协调，健全立法起草、论证、协调、审议机制，健全向下级人大征询立法意见机制，建立基层立法联系点制度，推进立法精细化。更多发挥人大代表参与起草和修改法律作用。充分发挥政协委员、民主党派、工商联、无党派人士、人民团体、社会组织在立法协商中的作用，拓宽公民有序参与立法途径，广泛凝聚社会共识。

（四）加强重点领域立法

依法保障公民权利，加快完善体现权利公平、机会公平、规则公平的法律制度，保障公民人身权、财产权、基本政治权利等各项权利不受侵犯，保障公民经济、文化、社会等各方面权利得到落实，实现公民权利保障法治化。增强全社会尊重和保障人权意识，健全公民权利救济渠道和方式。

二、深入推进依法行政，加快建设法治政府

各级政府必须坚持在党的领导下、在法治轨道上开展工作，创新执法体制，完善执法程序，推进综合执法，严格执法责任，建立权责统一、权威高效的依法行政体制，加快建设职能科学、权责法定、执法严明、公开公正、廉洁高效、守法诚信的法治政府。

（一）依法全面履行政府职能

完善行政组织和行政程序法律制度，推进机构、职能、权限、程序、责任法定化。行政机关要坚持法定职责必须为、法无授权不可为，勇于负责、敢于担当，坚决纠正不作为、乱作为，坚决克服懒政、怠政，坚决惩处失职、渎职。行政机关不得法外设定权力，没有法律法规依据不得作出减损公民、法人和其他组织合法权益或者增加其义务的决定。

（二）健全依法决策机制

把公众参与、专家论证、风险评估、合法性审查、集体讨论决定确定为重大行政决策法定程序，确保决策制度科学、程序正当、过程公开、责任明确。

建立重大决策终身责任追究制度及责任倒查机制，对决策严重失误或者依法应该及时作出决策但久拖不决造成重大损失、恶劣影响的，严格追究行政首长、负有责任的其他领导人员和相关责任人员的法律责任。

（三）深化行政执法体制改革

根据不同层级政府的事权和职能，按照减少层次、整合队伍、提高效率的原则，合理配置执法力量。

推进综合执法，大幅减少市县两级政府执法队伍种类，重点在食品药品安全、工商质检、公共卫生、安全生产、文化旅游、资源环境、农林水利、交通运输、城乡建设、海洋渔业等领域内推行综合执法，有条件的领域可以推行跨部门综合执法；严格实行行政执法人员持证上岗和资格管理制度，未经执法资格考试合格，不得授予执法资格，不得从事执法活动。严格执行罚缴分离和收支两条线管理制度，严禁收费罚没收入同部门利益直接或者变相挂钩。

（四）坚持严格规范公正文明执法

依法惩处各类违法行为，加大关系群众切身利益的重点领域执法力度。完善执法程序，建立执法全过程记录制度。明确具体操作流程，重点规范行政许可、行政处罚、行政强制、行政征收、行政收费、行政检查等执法行为。严格执行重大执法决定法制审核制度。

全面落实行政执法责任制，严格确定不同部门及机构、岗位执法人员执法责任和责任追究机制，加强执法监督，坚决排除对执法活动的干预，防止和克服地方和部门保护主义，惩治执法腐败现象。

（五）强化对行政权力的制约和监督

加强党内监督、人大监督、民主监督、行政监督、司法监督、审计监督、社会监督、舆论监督制度建设，努力形成科学有效的权力运行制约和监督体系，增强监督合力和实效。

加强对政府内部权力的制约，对财政资金分配使用、国有资产监管、政府投资、政府采购、公共资源转让、公共工程建设等权力集中的部门和岗位实行分事行权、分岗设权、分级授权，定期轮岗，强化内部流程控制，防止权力滥用。改进上级机关对下级机关的监督，建立常态化监督制度。完善纠错问责机制，健全责令公开道歉、停职检查、引咎辞职、责令辞职、罢免等问责方式和程序。

完善审计制度，保障依法独立行使审计监督权。对公共资金、国有资产、国有资源和领导干部履行经济责任情况实行审计全覆盖。

（六）全面推进政务公开

坚持以公开为常态、不公开为例外原则，推进决策公开、执行公开、管理公开、服务公开、结果公开。各级政府及其工作部门依据权力清单，向社会全面公开政府职能、法律依据、实施主体、职责权限、管理流程、监督方式等事项。重点推进财政预算、公共资源配置、重大建设项目批准和实施、社会公益事业建设等领域的政府信息公开。

涉及公民、法人或其他组织权利和义务的规范性文件，按照政府信息公开要求和程序予以公布。推行行政执法公示制度。推进政务公开信息化，加强互联网政务信息数据服务平台和便民服务平台建设。

三、保证公正司法，提高司法公信力

必须完善司法管理体制和司法权力运行机制，规范司法行为，加强对司法活动的监督，努力让人民群众在每一个司法案件中感受到公平正义。

（一）完善确保依法独立公正行使审判权和检察权的制度

建立领导干部干预司法活动、插手具体案件处理的记录、通报和责任追究制度。任何党政机关和领导干部都不得让司法机关做违反法定职责、有碍司法公正的事情，任何司法机关都必须执行党政机关和领导干部不得违法干预司法活动的要求。对干预司法机关办案的，给予党纪政纪处分；造成冤假错案或者其他严重后果的，依法追究刑事责任。

（二）优化司法职权配置

健全公安机关、检察机关、审判机关、司法行政机关各司其职，侦查权、检察权、审判权、执行权相互配合、相互制约的体制机制。

完善审级制度，一审重在解决事实认定和法律适用，二审重在解决事实法律争议、实现二审终审，再审重在解决依法纠错、维护裁判权威；建立司法机关内部人员过问案件的记录制度和责任追究制度。完善主审法官、合议庭、主任检察官、主办侦查员办案责任制，落实谁办案谁负责。

（三）推进严格司法

健全事实认定符合客观真相、办案结果符合实体公正、办案过程符合程序公正的法律制度。加强和规范司法解释和案例指导，统一法律适用标准。全面贯彻证据裁判规则，严格依法收集、固定、保存、审查、运用证据，完善证人、鉴定人出庭制度，保证庭审在查明事实、认定证据、保护诉权、公正裁判中发挥决定性作用。明确各类司法人员工作职责、工作流程、工作标准，实行办案质量终身负责制和错案责任倒查问责制，确保案件处理经得起法律和历史检验。

（四）保障人民群众参与司法

坚持人民司法为人民，依靠人民推进公正司法，通过公正司法维护人民权益。在司法调解、司法听证、涉诉信访等司法活动中保障人民群众参与。推进审判公开、检务公开、警务公开、狱务公开，依法及时公开执法司法依据、程序、流程、结果和生效法律文书，杜绝暗箱操作。

（五）加强人权司法保障

强化诉讼过程中当事人和其他诉讼参与人的知情权、陈述权、辩护辩论权、申请权、申诉权的制度保障。健全落实罪刑法定、疑罪从无、非法证据排除等法律原则的法律制度。完善对限制人身自由司法措施和侦查手段的司法监督，加强对刑讯逼供和非法取证的源头预防，健全冤假错案有效防范、及时纠正机制。

（六）加强对司法活动的监督

完善检察机关行使监督权的法律制度，加强对刑事诉讼、民事诉讼、行政诉讼的法律监督。完善人民监督员制度，重点监督检察机关查办职务犯罪的立案、羁押、扣押冻结财物、起诉等环节的执法活动。

依法规范司法人员与当事人、律师、特殊关系人、中介组织的接触、交往行为。严禁司法人员私下接触当事人及律师、泄露或者为其打探案情、接受吃请或者收受其财物、为律师介绍代理和辩护业务等违法违纪行为，坚决惩治司法掮客行为，防止利益输送。

四、增强全民法治观念，推进法治社会建设

弘扬社会主义法治精神，建设社会主义法治文化，增强全社会厉行法治的积极性和主动性，形成守法光荣、违法可耻的社会氛围，使全体人民都成为社会主义法治的忠实崇尚者、自觉遵守者、坚定捍卫者。

（一）推动全社会树立法治意识

坚持把全民普法和守法作为依法治国的长期基础性工作，深入开展法治宣传教育，引导全民自觉守法、遇事找法、解决问题靠法。坚持把领导干部带头学法、模范守法作为树立法治意识的关键，完善国家工作人员学法用法制度，把法治教育纳入国民教育体系，从青少年抓起，在中小学设立法治知识课程。

健全普法宣传教育机制，各级党委和政府要加强对普法工作的领导，宣传、文化、教育部门和人民团体要在普法教育中发挥职能作用。实行国家机关"谁执法谁普法"的普法责任制，建立法官、检察官、行政执法人员、律师等以案释法制度。把法治教育纳入精神文明创建内容，开展群众性法治文化活动，健全媒体公益普法制度，加强新媒体新技术在普法中的运用，提高普法实效；加强社会诚信建设，健全公民和组织守法信用记录，完善守法诚信褒奖机制和违法失信行为惩戒机制，使尊法守法成为全体人民共同追求和自觉行动；加强公民道德建设，弘扬中华优秀传统文化，增强法治的道德底蕴，强化规则意识，倡导契约精神，弘扬公序良俗。发挥法治在解决道德领域突出问题中的作用，引导人们自觉履行法定义务、社会责任、家庭责任。

（二）推进多层次多领域依法治理

深入开展多层次多形式法治创建活动，深化基层组织和部门、行业依法治理，支持各类社会主体自我约束、自我管理。发挥市民公约、乡规民约、行业规章、团体章程等社会规范在社会治理中的积极作用。建立健全社会组织参与社会事务、维护公共利益、救助困难群众、帮教特殊人群、预防违法犯罪的机制和制度化渠道，发挥社会组织对其成员的行为导引、规则约束、权益维护作用。

（三）建设完备的法律服务体系

完善法律援助制度，扩大援助范围，健全司法救助体系，保证人民群众在遇到法律问题或者权利受到侵害时获得及时有效法律帮助。

（四）健全依法维权和化解纠纷机制

强化法律在维护群众权益、化解社会矛盾中的权威地位，引导和支持人们理性表达诉求、依法维护权益。建立健全社会矛盾预警机制、利益表达机制、协商沟通机制、救济救助机制，畅通群众利益协调、权益保障法律渠道。把信访纳入法治化轨道，保障合理合法诉求依照法律规定和程序就能得到合理合法的结果。

健全社会矛盾纠纷预防化解机制，完善调解、仲裁、行政裁决、行政复议、诉讼等有机衔接、相互协调的多元化纠纷解决机制。

完善立体化社会治安防控体系，有效防范化解管控影响社会安定的问题，保障人民生命财产安全。依法严厉打击暴力恐怖、涉黑犯罪、邪教和黄赌毒等违法犯罪活动，绝不允许其形成气候。依法强化危害食品药品安全、影响安全生产、损害生态环境、破坏网络安全等重点问题治理。

此外，十八届四中全会还就法治工作队伍建设、党对全面推进依法治国的领导等重大问题提出了加强和改进要求。

🔍 以案释法 ④

让人民群众在司法案件中感受到公平正义

【案情介绍】欠债还钱，天经地义，支付罚息，也理所应当。但是，银行却在本金、罚息之外，另收"滞纳金"，并且还是按复利计算，结果经常导致"滞纳金"远高于本金，成了实际上的"驴打滚"。中国银行某高新技术产业开发区支行起诉信用卡欠费人沙女士，请求人民法院依法判令沙女士归还信用卡欠款共计375079.3元（包含本金339659.66元及利息、滞纳金共计35419.64元）。银行按每日万分之五的利率计算的利息，以及每个月高达5%的滞纳金，这就相当于年利率高达78%。受理本案的人民法院认为，根据合同法、商业银行法，我国的贷款利率是受法律限制的，最高人民法院在关于民间借贷的司法解释中明确规定：最高年利率不得超过24%，否则就算"高利贷"，不受法律保护。但问题在于，最高法的司法解释针对的是"民间高利贷"，而原告是根据中国人民银行的《银行卡业务管理办法》收取滞纳金的，该如何审理？

【以案释法】在我国社会主义法律体系中，宪法是国家的根本大法，处于最高位阶，一切法律、行政法规、司法解释、地方性法规和规章、自治条例和单行条例都不得与宪法规定精神相违背。依法治国首先是必须依宪治国。十八届四中全会重申了宪法第五条关于"一切违反宪法和法律的行为，必须予以追究"的原则，强调要"努力让人民群众在每一个司法案件中感受到公平正义"。此案中，法官引述了宪法第三十三条第二款规定："中华人民共和国公民在法律面前一律平等。"法官认为："平等意味着对等待遇，除非存在差别对待的理由和依据。一方面，国家以贷款政策限制民间借款形成高利；另一方面，在信用卡借贷领域又形成超越民间借贷限制一倍或者几倍的利息。这显然极可能形成一种'只准州官放火，不许百姓点灯'的外在不良观感。"法官从宪法"平等权"等多个层面，提出应对法律作系统性解释，认为"商业银行错误将相关职能部门的规定作为自身高利、高息的依据，这有违于合同法及商业银行法的规定"，从而最终驳回了银行有关滞纳金的诉讼请求，仅在本金339659.66元、年利率24%的限度内予以支持。

思考题

1. 全面推进依法治国的重大意义是什么？

2. 全面推进依法治国必须坚持的基本原则有哪些？

3. 全面推进依法治国的总体要求是什么？

第二章 建设中国特色社会主义法治体系

本 章 要 点

★ 全面推进依法治国，总目标是建设中国特色社会主义法治体系，建设社会主义法治国家。

★ 从"法律体系"到"法治体系"是一个质的飞跃，是一个从静态到动态的过程，是一个从平面到立体的过程。

★ 建设中国特色社会主义法治体系是在法治领域为推进国家治理现代化增添总体效应的重要举措。

★ 中国特色社会主义法治体系包括完备的法律规范体系、高效的法治实施体系、严密的法治监督体系、有力的法治保障体系、完备的党内法规体系五个子系统。

★ 以高度自信建设中国特色社会主义法治体系。

第一节 建设中国特色社会主义法治体系的提出

中国特色社会主义法律体系是在中国共产党领导下，适应中国特色社会主义建设事业的历史进程而逐步形成的。法律体系是指由一国全部现行法律规范分类组合为不同法律部门而形成的有机整体，党的十五大报告将它正式上升到政策层面。十五大报告提出了21世纪第一个十年国民经济和社会发展的远景目标，确立了"依法治国，建设社会主义法治国家"的基本方略，明确提出到2010年形成中国特色社会主义法律体系。截至2011年8月底，我国已制定现行宪法和有效法律共240部、行政法规706部、地方性法规8600多部，涵盖社会关系各个方面的法律部门已经齐全，各个法律部门中基本的、主要的法律已经制定，相应的行政法规和地方性法规比较完备，法律体系内部总体做到科学和谐统一。作为一项法治建设目标，中国特色社会主义法律体系在实践中如期基本形成。

十八届四中全会通过的《中共中央关于全面推进依法治国若干重大问题的决定》提出："全面推进依法治国，总目标是建设中国特色社会主义法治体系，建设社会主义法治国家。"这是我们党的历史上，第一次提出建设中国特色社会主义法治体系的新目标。从"法律体系"到"法治体系"是一个质的飞跃，是一个从静态到动态的过程，是一个从平面到立体的过程。

一、中国特色社会主义法治体系的提出是观念创新

党的十八届四中全会决定，在表述"全面推进依法治国"总目标时突显了在目标上的新认识。习近平总书记对此作了详细说明，即"提出这个总目标，既明确了全面推进依法治国的性质和方向，又突出了全面推进依法治国的工作重点和总抓手。一是向国内外鲜明宣示我们将坚定不移走中国特色社会主义法治道路。中国特色社会主义法治道路，是社会主义法治建设成就和经验的集中体现，是建设社会主义法治国家的唯一正确道路。在走什么样的法治道路问题上，必须向全社会释放正确而明确的信号，指明全面推进依法治国的正确方向，统一全党全国各族人民认识和行动。二是明确全面推进依法治国的总抓手。全面推进依法治国涉及很多方面，在实际工作中必须有一个总揽全局、牵引各方的总抓手，这个总抓手就是建设中国特色社会主义法治体系。依法治国各项工作都要围绕这个总抓手来谋划、来推进。三是建设中国特色社会主义法治体系、建设社会主义法治国家是实现国家治理体系和治理能力现代化的必然要求，也是全面深化改革的必然要求，有利于在法治轨道上推进国家治理体系和治理能力现代化，有利于在全面深化改革总体框架内全面推进依法治国各项工作，有利于在法治轨道上不断深化改革。"

所谓"抓手"，就是政策的制度落脚点。将"建设中国特色社会主义法治体系"形容为全面推进依法治国的总抓手，对于深刻领会党的十八届四中全会首次明确将"建设中国特色社会主义法治体系"作为全面推进依法治国总目标的意义非常重要。党的十八届三中全会通过的《中共中央关于全面深化改革若干重大问题的决定》首次提出了"推进法治中国建设"的概念，"法治中国"相对于"法治国家"来说，突出了法治国家中的"国家"的主权特征，使得法治国家具有了明确的空间效力，故法治中国是落实法治国家的一个重要制度抓手。党的十八届四中全会决定提出了"建设中国特色社会主义法治体系"并明确其内涵，在实践中解决了"依什么法、治什么国、如何实现"等问题。既有明确的实现目标，又有具体的制度设计，对推进依法治国和法治中国建设具有科学性和实践性的指导作用。

这个总抓手可以从两个方面来理解。一是从依法治国的角度来看。党的十五大报告在政策指导层面上对"依法治国"的内涵作了比较明确的解释。即"依法治国，就是广大人民群众在党的领导下，依照宪法和法律规定，通过各种途径和形式管理

国家事务，管理经济文化事业，管理社会事务，保证国家各项工作都依法进行，逐步实现社会主义民主的制度化、法律化，使这种制度和法律不因领导人的改变而改变，不因领导人看法和注意力的改变而改变"。从制度落实角度来看，党的十五大报告提出的"依法治国"并没有说明具体如何加以落实，仍然停留在政策指导层面。"依法治国"的理论价值只体现在"破"上，也就是说，强调"依法治国"有利于打破"人治"和各种非法治思想的禁锢和干扰，有利于进一步解放思想，但是，"依法治国"在"破"的过程中要"立什么"，特别是要在制度上具体怎样做，"依法治国"概念并没有给予明确的回答。在法治实践中必然就会遇到"依什么法""治什么国"等类似问题的挑战。"依法治国"要"立什么"的问题如果在理论上不说清楚，在实践中如何落实到具体的制度设计和安排上不清晰，就会严重影响"依法治国"作为治国方略所具有的科学性和对法治实践的具体指导作用。党的十八届四中全会决定则从理论体系、实践体系和具体法治体系三个角度明确了"中国特色社会主义法治体系"的内涵。如果全面和有效地按照全面推进依法治国的决定要求将法治体系建设落到实处，就必须要采取一系列制度措施。这些制度措施的采取必然就要体现"依法治国"的要求，因此，从逻辑上来看，建设中国特色社会主义法治体系的各项具体要求必然就是落实"依法治国"的各项制度措施，故"建设中国特色社会主义法治体系"成了"全面推进依法治国"的制度"抓手"。二是从建设社会主义法治国家的角度来看。虽然"法治中国"在一定程度上可以视为"法治国家"的制度"抓手"，但"法治中国"只是在空间效力上体现了"法治国家"的制度要求，对于"法治国家"中各项具体制度的特征以及"法治国家"在制度上的表现状态等，这些"制度指标"并不能通过"法治中国"这个单向度的制度"抓手"指标完全得到体现。"建设中国特色社会主义法治体系"从理论和实践、抽象与具体相结合的角度对建设社会主义法治国家进行了制度构建。从逻辑上看，如果中国特色社会主义法治体系在制度上基本建成，即形成完备的法律规范体系、高效的法治实施体系、严密的法治监督体系、有力的法治保障体系以及完善的党内法规体系，那么，社会主义法治国家的制度表现形式也就基本上完成了。所以，在形式意义上，"中国特色社会主义法治体系"的建成可以视为制度上判断是否建成了"法治国家"的具体标准，是"法治国家"是否在制度上得以实现的"抓手"，只要在制度上建成了"中国特色社会主义法治体系"，就可以确定社会主义法治国家基本建成。

因此，建设中国特色社会主义法治体系作为全面推进依法治国的总抓手，使得我国"依法治国"基本方略在路径与目标两个方面的制度内涵都更加清晰。只要抓好建设中国特色社会主义法治体系各项工作，抓出具体成效，就能够充分体现中国特色社会主义法治理论的指导意义，形成中国特色社会主义法治道路的主要特征，全面推进依法治国的各项措施也就能够得到有效贯彻落实，社会主义法治国家的实现程度和状况也就有了制度上的最有效的判断标准。

二、准确把握中国特色社会主义法治体系的内涵

中国特色社会主义法治体系，指的是立足中国国情和实际，适应全面深化改革和推进国家治理现代化需要，集中体现中国人民意志和社会主义属性的法治诸要素、结构、功能、过程内在协调统一的有机综合体。之所以要以体系化的方法全面推进依法治国，是因为中国特色社会主义法治本身就是一个要素众多、结构复杂、功能综合、规模庞大的系统工程，各系统要素相互联系、相互作用、相互促进，当其协调一致时可以发挥最大功效，但当某一环节或系统出现了毛病，就会影响整体的正常运行和功能的发挥。为此，必须对中国特色社会主义法治的体系特征有一个客观、准确的认识。

（一）中国特色社会主义法治体系是法治诸要素、结构、功能、过程内在协调统一的有机综合体

法治体系是国家治理体系的重要组成部分，同时法治体系本身也是一个系统：第一，中国特色社会主义法治体系由众多要素组成，这些要素从存在形态入手可将其从总体上分为硬件要素和软件要素两大类。第二，中国特色社会主义法治体系并不等同于法治诸要素相加之和，它必须对法治诸要素进行组织、搭配和安排，实现法治结构的科学设置，并决定中国特色社会主义法治体系的功能。第三，中国特色社会主义法治体系不仅要求相互间具有有机联系的组成部分结合起来，而且要成为一个能完成特定功能的总体。第四，与法律体系不同，法治体系不是一个静止的存在，而是一个动态的过程，包括法律的制定、实施、监督、实现、发挥作用、反馈等阶段性过程的接续。

（二）中国特色社会主义法治体系是中国特色社会主义制度体系的规范表达

法治具有相对的独立性，同时也具有鲜明的政治性；法治不仅要以相应的政策、组织和权力构架作为基础，而且其实现程度又受制于政治文明的发展程度；法治不仅为政治建设提供权力运行的规则和依据，而且是政治的规范化表达。因此，要把"中国特色社会主义制度"和"法治体系"作为一个整体看待。法治体系是中国特色社会主义制度在法治领域的表达方式，中国特色社会主义是法治体系的本质属性。因此，建设中国特色社会主义法治体系，必须做到"七个坚持"：坚持中国共产党领导；坚持人民主体地位；坚持中国特色社会主义制度；坚持中国特色社会主义法治理论；坚持法律面前人人平等；坚持依法治国和以德治国相结合；坚持从中国实际出发。

（三）中国特色社会主义法治体系是社会主义法治国家的自觉建构

全面推进依法治国，总目标是建设中国特色社会主义法治体系，建设社会主义

法治国家。前后两句话是一个整体，不能断章取义理解。那么，"两个建设"之间是一个什么关系呢？这个关系可以概括为：中国特色社会主义法治体系是社会主义法治国家的自觉建构。特色形成于解决问题的实践，中国特色社会主义法治体系既是法治的一般理论与中国法治实践特殊问题的结合，更是对社会主义法治国家的自觉建构。这种自觉构建，避免将资本主义与法治捆绑在一起进入西方范式陷阱，是在立足中国国情创建本土化法治发展道路的实践，是针对需求回应问题面向未来的法治探索。

三、充分认识建设中国特色社会主义法治体系的意义

法治，其"义"在于通过法律治理国家；其"要"在于使权力和权利得到合理配置；其"功"在于比其他治理方式更多地供给人民福祉、经济繁荣和国家稳定。法治体系是对法治的要素、结构、功能、过程在总体上的一个统合，它根植于一国法治实践之中，反映法治现实，对法治实践起着指导和推动作用。中国特色社会主义法治体系，反映和指引着中国特色社会主义法治的性质、功能、目标方向、价值取向和实现途径。建设中国特色社会主义法治体系的意义主要体现在以下几个方面：

（一）建设中国特色社会主义法治体系是在法治领域为推进国家治理现代化增添总体效应的重要举措

习近平总书记强调，今天，摆在我们面前的一项重大历史任务，就是推动中国特色社会主义制度更加成熟更加定型，为党和国家事业发展、为人民幸福安康、为社会和谐稳定、为国家长治久安提供一整套更完备、更稳定、更管用的制度体系。这项工程极为宏大，必须是全面的系统的改革和改进，是各领域改革和改进的联动和集成，在国家治理体系和治理能力现代化上形成总体效应、取得总体效果。中国特色社会主义法治尽管自成体系，但并不是一个封闭的、孤立的体系，而是一个开放的、动态的体系，是国家治理体系的重要组成部分。建设中国特色社会主义法治体系，全面推进依法治国，并不是最终的目的，其目的是要在中国法治建设领域通过改革和完善实现国家治理方面的总体效应和总体效果。建设中国特色社会主义法治体系、建设社会主义法治国家是实现国家治理体系和治理能力现代化的必然要求，也是全面深化改革的必然要求，有利于在法治轨道上推进国家治理体系和治理能力现代化，有利于在全面深化改革总体框架内全面推进依法治国各项工作，有利于在法治轨道上不断深化改革。

（二）建设中国特色社会主义法治体系是在新的历史起点上全面推进依法治国、建设社会主义法治国家的骨干工程

依法治国是我们党在总结长期的治国理政经验教训基础上提出的治国基本方略，是社会主义法治的核心内容。全面推进依法治国，是根据中国社会的发展阶段和形势任务提出来的重要部署。自改革开放以来，尤其是自1997年党的十五大把"依法治国、建设社会主义法治国家"确立为治国基本方略以来，党和国家大力加强法治建设，有力地保障了我国社会的持续稳定，为发展中国特色社会主义事业创造了长期稳定和谐的社会环境。然而，新的形势和任务对中国法治建设提出了更高的要求，建设中国特色社会主义法治体系是在新的历史起点上全面推进依法治国的骨干工程。

（三）建设中国特色社会主义法治体系是在法律体系形成后实现法治建设重心战略转移的必然要求

在我国，以宪法为统帅，以宪法相关法、民法商法等多个法律部门的法律为主干，由法律、行政法规、地方性法规等多个层次的法律规范构成的中国特色社会主义法律体系已经形成。法律体系形成之后，中国法治建设的重心应当从立法向建设法治体系转移。中国特色社会主义法律体系是中国特色社会主义法治体系的逻辑起点和初级阶段，中国特色社会主义法治体系是中国特色社会主义法律体系的高级阶段和发展方向。中国特色社会主义法律体系的形成，总体上解决了有法可依的问题，在这种情况下，有法必依、执法必严、违法必究的问题就显得更为突出、更加紧迫，这也是广大人民群众普遍关注、各方面反映强烈的问题。十八届四中全会提出，建设中国特色社会主义法治体系，要求中国的法治建设不仅要有一个法律体系，而且要实现国家各项工作都要依法进行，社会领域各个方面都要遵法守法，实际上就是对人民群众普遍关注的法律实施问题的回应。

（四）建设中国特色社会主义法治体系是以体系化视野掌舵法治建设降低成本减少风险的有效途径

法治是一种整体的社会现象与社会状态，但也有微观和中观层面的空间和状态。以体系化的视野掌舵法治建设，有助于理解法治的全局性，防止将法治理解为一个自治的封闭系统；有助于把握法治建设的整体性，防止法治建设畸形发展；有助于在全面推进依法治国过程中确保法治的全面性，防止将法治建设片面化；有助于认清法治的过程性和长期性，防止将法治建设简单化为一场运动。运动方式固然有利于法治的快速推进一面，但也存在着难以恒久坚持的问题。

第二节　建设中国特色社会主义法治体系的主要内容

中国特色社会主义法治体系包括完备的法律规范体系、高效的法治实施体系、严密的法治监督体系、有力的法治保障体系、完备的党内法规体系五个子系统。其中，"完备的法律规范体系"是静态意义上的法规范体系，该体系是以宪法为核心的"中国特色社会主义法律体系"，包含了在中华人民共和国主权管辖范围内以宪法作为根本法的一切法律规范体系，例如在香港和澳门特别行政区适用的法律规范体系，等等。"高效的法治实施体系""严密的法治监督体系"及"有力的法治保障体系"是动态意义上的法运行体系，体现了法治的价值重在宪法和法律的实施，更关注在实际生活中法律规范的实施状况和实现程度，强调的是现实生活中人们的行为真正受到法律规范的约束。"完善的党内法规体系"是从准法律规范的角度对我党管党治党的党内法规提出的体系化要求，将党内法规体系纳入"中国特色社会主义法治体系"范畴，正是体现了"中国特色社会主义法治体系"的"中国特色"。经过近百年的实践探索，我们党已形成了一整套系统完备、层次清晰、运行有效的党内法规制度。这个制度体系包括党章、准则、条例、规则、规定、办法、细则，体现着党的先锋队性质和先进性要求，使管党治党建设党有章可循、有规可依。

一、完备的法律规范体系

建设中国特色社会主义法治体系，全面推进依法治国，需要充分的规范供给为全社会依法办事提供基本遵循。一方面，要加快完善法律、行政法规、地方性法规体系；另一方面，也要完善包括市民公约、乡规民约、行业规章、团体章程在内的社会规范体系。恪守原有单一的法律渊源已无法满足法治实践的需求，有必要适当扩大法律渊源，甚至可以有限制地将司法判例、交易习惯、法律原则、国际惯例作为裁判根据，以弥补法律供给的不足，同时还应当建立对法律扩大或限缩解释的规则，通过法律适用过程填补法律的积极或消极的漏洞。为了保证法律规范的质量和提升立法科学化的水平，应当进一步改善立法机关组成人员的结构，提高立法程序正当化水平，构建立法成本效益评估前置制度，建立辩论机制，优化协商制度，提升立法技术，规范立法形式，确定法律规范的实质与形式标准，设立法律规范的事前或事后的审查过滤机制，构建实施效果评估机制，完善法律修改、废止和解释制度，等等。尤其要着力提高立法过程的实质民主化水平，要畅通民意表达机制以及民意与立法的对接机制，设定立法机关组成人员联系选民的义务，规范立法机关成员与"院外"利益集团的关系，完善立法听取意见（包括听证等多种形式）、整合吸纳意见等制度，建立权力机关内部的制约协调机制，建立立法成员和立法机关接受选民和公众监督的制度，等等。

二、高效的法治实施体系

法治实施是一个系统工程。首先，要认真研究如何使法律规范本身具有可实施性，不具有实施可能性的法律规范无疑会加大实施成本，甚至即使执法司法人员费尽心机也难以实现。因此，要特别注意法律规范的可操作性、实施资源的配套性、法律规范本身的可接受性以及法律规范自我实现的动力与能力。其次，要研究法律实施所必需的体制以及法律设施，国家必须为法律实施提供强有力的体制、设施与物质保障。再次，要认真研究法律实施所需要的执法和司法人员的素质与能力，要为法律实施所需要的素质和能力的培训与养成提供必要的条件和机制。又次，要研究法律实施的环境因素，并为法律实施创造必要的执法和司法环境。最后，要研究如何克服法律实施的阻碍和阻力，有针对性地进行程序设计、制度预防和机制阻隔，针对我国现阶段的国情，有必要把排除"人情""关系""金钱""权力"对法律实施的干扰作为重点整治内容。

三、严密的法治监督体系

对公共权力的监督和制约，是任何法治形态的基本要义；公共权力具有二重性，唯有法律能使其扬长避短和趋利避害；破坏法治的最大危险在一般情况下都来自公共权力；只有约束好公共权力，国民的权利和自由才可能安全实现。有效监督和制约公共权力，要在以下几个方面狠下功夫：要科学配置权力，使决策权、执行权、监督权相互制约又相互协调；要规范权力的运行，为权力的运行设定明确的范围、条件、程序和界限；要防止权力的滥用，为权力的行使设定正当目的及合理基准与要求；要严格对权力的监督，有效规范党内、人大、民主、行政、司法、审计、社会、舆论诸项监督，并充分发挥各种监督的独特作用，使违法或不正当行使权力的行为得以及时有效纠正；要健全权益恢复机制，使受公共权力侵害的私益得到及时赔偿或补偿。

四、有力的法治保障体系

依法治国是一项十分庞大和复杂的综合性系统工程。要在较短时间内实现十八届四中全会提出的全面推进依法治国的战略目标，任务艰巨而繁重，如果缺少配套的保证体系作为支撑，恐难以持久。普遍建立法律顾问制度。完善规范性文件、重大决策合法性审查机制。建立科学的法治建设指标体系和考核标准。健全法规、规章、规范性文件备案审查制度。健全社会普法教育机制，增强全民法治观念。逐步增加有地方立法权的较大的市数量。深化行政执法体制改革。完善行政执法程序，规范执法自由裁量权，加强对行政执法的监督，全面落实行政执法责任制和执法经费由财政保障制度，做到严格规范公正文明执法。完善行政执法与刑事司法衔接机制。确保依法独立公正行使审判权检察权。改革司法管理体制，推动省以下地方法院、检察院人财物统一管理，探索建立与行政区划适当分离的司法管辖制度，保证国家法律统一正确实施。建立符合职业特点的司法人员管理制度，健全法官、检察官、人民警察统一招录、有序交流、逐级遴选机制，完善司法人员分类管理制度，健全法官、检察官、人民警察职业保障制度。健全司法权力运行机制。优化司法职权配置，健全司法权力分工负责、互相配合、互相制约机制，加强和规范对司法活动的法律监督和社会监督。健全国家司法救助制度，完善法律援助制度。完善律师执业权利保障机制和违法违规执业惩戒制度，加强职业道德建设，发挥律师在依法维护公民和法人合法权益方面的重要作用。

五、完善的党内法规体系

党内法规既是管党治党的重要依据，也是中国特色社会主义法治体系的重要组成部分。由于缺少整体规划，缺乏顶层设计，党内法规存在"碎片化"现象。要在对现有党内法规进行全面清理的基础上，抓紧制定和修订一批重要党内法规，加大党内法规备案审查和解释力度，完善党内法规制定体制机制，形成配套完备的党内法规制度体系，使党内生活更加规范化、程序化，使党内民主制度体系更加完善，使权力运行受到更加有效的制约和监督，使党执政的制度基础更加巩固，为到建党100周年时全面建成内容科学、程序严密、配套完备、运行有效的党内法规制度体系打下坚实基础。

第三节　建设中国特色社会主义法治体系的总体要求

建设法律规范体系要求恪守以民为本、立法为民理念，贯彻社会主义核心价值观，使每一项立法都符合宪法精神、反映人民意志、得到人民拥护，实现立法和改革决策相衔接，做到重大改革于法有据、立法主动适应改革和经济社会发展需要。建设法治实施体系要求执法、司法和全社会在法治轨道上开展工作，做到严格执法、公正司法、全民守法。建设法治监督体系要求健全宪法实施和监督制度，强化对行政权力的制约和监督，加强对司法活动的监督，完善检察机关行使监督权的法律制度，完善人民监督员制度。建设法治保障体系要求加强党的领导，完善职业保障体系，加强法律服务队伍建设，创新法治人才培养机制。建设党内法规体系要求健全党内法规体制、强化党内法规与法律、政策的关联，为管党治党提供法治保障。

党的十八届四中全会决定全面部署了社会主义法治体系建设，明确了中国特色社会主义制度是中国特色社会主义法治体系的根本制度，是全面推进依法治国的根本制度保障。中国特色社会主义法治体系是基于中国特色社会主义制度根本要求而形成的法治体系，其使命是全面巩固和完善中国特色社会主义制度。所以，中国特色社会主义法治体系建设不是就法治论法治，而是紧紧围绕中国特色社会主义事业总体布局、围绕国家发展所需要的国家治理体系进行建设。正因为如此，中国特色社会主义法治体系建设才具有全面巩固和完善中国特色社会主义制度的能力与功效。它主要从以下几个方面起到全面巩固和完善中国特色社会主义制度的作用。

一、构建建设中国特色社会主义法治体系遵循的原则

（一）坚持党的领导与依法治国的有机统一

党与法治的关系是法治建设核心问题。中国特色社会主义法治体系建设既明确要求把党的领导贯彻到依法治国全过程和各方面，也明确了党在推进依法治国中的领导原则与领导方式；既明确要求巩固党在国家建设与治理中的领导核心地位，也明确了党必须依据宪法法律治国理政，依据党内法规管党治党。

（二）坚持依宪治国与依宪执政有机统一

依法治国首先是依宪治国，依法执政首先是依宪执政。党的十八届四中全会作出的这一重要论断，体现了我们党对宪法尊严和权威的充分肯定。宪法是国家根本大法，是社会主义法律体系的核心，也是确保党的领导与国家制度体系稳固的根本法律基础。所以，确立宪法在治国理政中的根本地位，对于中国特色社会主义制度将产生全局和长远作用。

（三）坚持社会主义法治五大体系有机统一

中国特色社会主义法治体系五大体系既有理论层面，也有实践层面；既有制度层面，也有运行层面；既有国家层面，也有党的层面；既能实现依法治国、依法执政、依法行政的共同推进，也能实现法治国家、法治政府、法治社会的一体建设。这为全面推进法治中国建设规定了更加清晰的目标和任务，规划了切实可行的路线图，必将保障法治建设稳步推进。所以，它能够全方位促进社会主义制度自我完善和发展。

（四）坚持法治体系与国家治理体系和治理能力建设有机统一

社会主义法治体系建设从立法、执法、司法和守法四个层面展开。因而，它是一个系统工程，其建设和发展必然带来国家治理领域深刻变革。对国家治理体系建设来说，法治体系建设既是其基本任务，也是其得以确立并产生效能的关键。社会主义制度只有借助有效国家治理体系才能得到有效运行，获得巩固和完善。所以，以国家治理体系和治理能力现代化为取向的法治体系建设，必将全面支撑中国特色社会主义制度落实与运行，并孕育出一套与之配套、保障其运行的体制机制。

（五）坚持法治体系建设与法治能力提升有机统一

任何制度只有扎根民心，才能最终巩固。这就要求制度运行与实践能够全面具体地渗透到人民生活各个环节，并在其中起积极作用；要求法治价值、体系、程序与运行能够有效嵌入社会，契合社会内在要求与发展现实。这其中既强调法治体系建设，也强调法治能力提升，两者相辅相成。经验表明，良好法治才能树立良好价

值体系，才能创造有效制度认同。这决定了中国特色社会主义制度只能在法治体系与法治能力有机统一所创造的善治中扎根社会、深入民心。社会主义法治体系建设将为我国改革发展创造全新的发展动力和发展平台。

二、以高度自信建设中国特色社会主义法治体系

（一）依法治国、依法执政、依法行政共同推进

依法治国是党领导人民治国理政的基本方式，要依照宪法和法律规定，通过各种途径和形式实现人民群众在党的领导下管理国家事务，管理经济文化事业，管理社会事务，保证国家各项工作都依法进行，逐步实现社会主义民主的制度化、法律化。依法执政是依法治国的关键，要坚持党领导人民制定法律、实施法律并在宪法法律范围内活动的原则，健全党领导依法治国的制度和工作机制，促进党的政策和国家法律互联互动。依法行政是依法治国的重点，要创新执法体制，完善执法程序，推进综合执法，严格执法责任，建立权责统一、权威高效的依法行政体制，加快建设职能科学、权责法定、执法严明、公开公正、廉洁高效、守法诚信的法治政府，切实做到合法行政、合理行政、高效便民、权责统一、政务公开。

（二）法治国家、法治政府、法治社会一体建设

法治国家、法治政府和法治社会是全面推进依法治国的"一体双翼"。法治国家是长远目标和根本目标，建设法治国家，核心要求实现国家生活的全面法治化；法治政府是重点任务和攻坚内容，建设法治政府，核心要求是规范和制约公共权力；法治社会是组成部分和薄弱环节，建设法治社会，核心是推进多层次多领域依法治理，实现全体国民自己守法、护法。法治国家、法治政府、法治社会一体建设，要求三者相互补充、相互促进、相辅相成。

（三）科学立法、严格执法、公正司法、全民守法相辅相成

十八大以来，党中央审时度势，提出了"科学立法、严格执法、公正司法、全民守法"的新十六字方针，确立了新时期法治中国建设的基本内容。科学立法要求完善立法规划，突出立法重点，坚持立改废释并举，提高立法科学化、民主化水平，提高法律的针对性、及时性、系统性、有效性，完善立法工作机制和程序，扩大公众有序参与，充分听取各方面意见，使法律准确反映经济社会发展要求，更好协调利益关系，发挥立法的引领和推动作用。严格执法，要求加强宪法和法律实施，维护社会主义法制的统一、尊严、权威，形成人们不愿违法、不能违法、不敢违法的法治环境，做到有法必依、执法必严、违法必究。公正司法，要求要务

力让人民群众在每一个司法案件中都感受到公平正义，所有司法机关都要紧紧围绕这个目标来改进工作，重点解决影响司法公正和制约司法能力的深层次问题。全民守法，要求任何组织或者个人都必须在宪法和法律范围内活动，任何公民、社会组织和国家机关都要以宪法和法律为行为准则，依照宪法和法律行使权利或权力、履行义务或职责。

（四）与推进国家治理体系与治理能力现代化同脉共振

全面推进依法治国既是实现国家治理现代化目标的基本要求，又是推进国家治理现代化的重要组成部分。法律的强制性、普遍性、稳定性、公开性、协调性等价值属性满足了国家治理对权威性和有效性的要求。法治在治理现代化过程中具有极为重要的意义。民主、科学、文明、法治是国家治理现代化的基本要求，民主、科学、文明都离不开法治的保障。治理现代化需要通过法治手段进一步具体地对应到治理体系的各个领域和每个方面，需要进一步量化为具体的指标体系，包括国权配置定型化、公权行使制度化、权益保护实效化、治理行为规范化、社会关系规则化、治理方式文明化六个方面。在实现治理法治化的过程中，治理主体需要高度重视法治本身的现代化问题，高度重视法律规范的可实施性，高度重视全社会法治信仰的塑造，高度重视治理事务对法治的坚守，高度重视司法公信力的培养。

思考题

1. 中国特色社会主义法治体系的内涵是什么？
2. 中国特色社会主义法治体系的主要内容是什么？
3. 建设中国特色社会主义法治体系的总体要求是什么？

第三章 社区基层自治

本 章 要 点

★学习居民委员会的性质、设立、工作机构、工作方式、主要职责,了解居民会议的组成和表决办法、居民公约的制定办法。

第一节 居民委员会

一、居民委员会的性质

宪法第一百一十一条规定:"城市和农村按居民居住地区设立的居民委员会或者村民委员会是基层群众性自治组织。居民委员会、村民委员会的主任、副主任和委员由居民选举。居民委员会、村民委员会同基层政权的相互关系由法律规定。居民委员会、村民委员会设人民调解、治安保卫、公共卫生等委员会,办理本居住地区的公共事务和公益事业,调解民间纠纷,协助维护社会治安,并且向人民政府反映群众的意见、要求和提出建议。"城市居民委员会组织法第二条规定:"居民委员会是居民自我管理、自我教育、自我服务的基层群众性自治组织。不设区的市、市辖区的人民政府或者它的派出机关对居民委员会的工作给予指导、支持和帮助。居民委员会协助不设区的市、市辖区的人民政府或者它的派出机关开展工作。"

根据宪法和城市居民委员会组织法的规定,我国的社区居民委员会不是政府的行政派出机关或者行政派出机构,而是由社区居民自己选举产生的,是为了广大社区居民服务的基层群众自治组织。

二、居民委员会的设立

居民委员会的性质决定了居民委员会的设立原则。根据城市居民委员会组织法第六条规定:"居民委员会根据居民居住状况,按照便于居民自治的原则,一般在一百户至七百户的范围内设立。居民委员会的设立、撤销、规模调整,由不设区的市、市辖区的人民政府决定。"居民委员会的设立原则有两方面，一是按照当地居民的具体居住情况。居民委员会设立的人口基数一般在一百户至七百户的范围内，具体数字由各地基层政府根据自身特点自行决定。二是要便于当地居民实现自治。这是由居民委员会的基层群众自治组织的基本性质决定的。

三、居民委员会的工作机构

根据社区居民委员会基层性和自治性的特点，城市居民委员会组织法第十三条规定："居民委员会根据需要设人民调解、治安保卫、公共卫生等委员会。居民委员会成员可以兼任下属的委员会的成员。居民较少的居民委员会可以不设下属的委员会，由居民委员会的成员分工负责有关工作。"

社区居民学法用法读本

32

（以案释法版）

居民委员会由主任、副主任和委员共5至9人组成。多民族居住地区，居民委员会中应当有人数较少的民族的成员。居民委员会主任、副主任和委员，由本居住地区全体有选举权的居民或者由每户派代表选举产生；根据居民意见，也可以由每个居民小组选举代表2至3人选举产生。居民委员会每届任期3年，其成员可以连选连任。年满十八周岁的本居住地区居民，不分民族、种族、性别、职业、家庭出身、宗教信仰、教育程度、财产状况、居住期限，都有选举权和被选举权；但是，依照法律被剥夺政治权利的人除外。

四、居民委员会的工作方式

社区居民委员会是协助基层政府实现公共行政管理、协助社区居民实现自我管理、自我教育、自我服务的群众性自治组织，它不是一级行政机关，也不隶属于任何政府部门。这就决定了社区居委会的成员开展工作时，不得采用行政命令或者行政强制的方式，而只能采取民主集中的方法。

城市居民委员会组织法第十一条规定："居民委员会决定问题，采取少数服从多数的原则。居民委员会进行工作，应当采取民主的方法，不得强迫命令。"该法第十二条规定："居民委员会成员应当遵守宪法、法律、法规和国家的政策，办事公道，热心为居民服务。"

五、居民委员会的工作职责

居民委员会的任务是：宣传宪法、法律、法规和国家的政策，维护居民的合法权益，教育居民履行依法应尽的义务，爱护公共财产，开展多种形式的社会主义精神文明建设活动；办理本居住地区居民的公共事务的公益事业；调解民间纠纷；协助维护社会治安；协助人民政府或者它的派出机关做好与居民利益有关的公共卫生、计划生育、优抚救济、青少年教育等工作；向人民政府或者它的派出机关反映居民的意见、要求和建议。居民委员会应当开展便民利民的社区服务活动，可以兴办有关的服务事业。居民委员会管理本居民委员会的财产，任何部门和单位不得侵犯居民委员会的财产所有权。多民族居住地区的居民委员会，应当教育居民互相帮助，互相尊重，加强民族团结。

除了以上城市居民委员会组织法中规定的职责以外，社区居民委员会还具有其他职责，主要有：

（一）司法协助职责

我国社区居委会逐渐从"街居制"转化为"社区制"，但是我国行政传统中的群众路线依然在一定程度上影响基层社会管理，从而使社区居委会承担着一些行政管理协助之外的司法协助工作。比如我国刑法、刑事诉讼法、民事诉讼法中关于基层组织承担协助公安机关考察缓刑犯、假释犯和协助法院办理民事送达等特殊工作职责。

（二）监护职责

根据民法通则的规定和社区居民委员会的性质，居民委员会是社区居民处理日常生活事项的依靠。特殊情况下，法律赋予居民委员会照顾社区未成年人和精神病患者的职责，监督并保护其合法权益。

🔍 以案释法 ⑤

居委会不能代替业主大会选聘物业管理企业

【案情介绍】向阳小区是新建成的小区，其与物业公司的物业管理合同已经到期。小区居民对物业公司的服务不满意，要求更换物业公司。但是，小区一直未能召开业主大会。于是小区居民委托居委会代为选聘物业公司。居委会代替小区业主大会选聘物业管理企业的行为合适吗？

【以案释法】尽管在实际生活中存在着由居委会为业主选聘物业管理企业的现象，但实际上，居委会是无权为小区选聘物业管理企业的。居委会是居民自我管理、自我教育、自我服务的基层群众性自治组织，它是在政府或者政府的派出机构的指导、支持下开展工作的。居委会不是小区的产权人，既不享有业主的权利，也不必承担业主的义务。当业主或业主委员会与物业管理企业就物业合同发生纠纷时，居委会可以进行协调处理，但不能代替业主或业主委员会来选聘物业管理企业。

居委会无权对业主罚款

【案情介绍】 小王是幸福社区的新业主。乔迁新居之时，小王在门口放鞭炮以示庆祝。但是搬入新家之后，放鞭炮剩下的纸屑依然留在门口没有清扫，空气中也残留着很浓重的火药味，给周围的行人和社区居民生活带来较大影响。居委会的李大爷来到小王家门前，对于小王的行为予以批评教育，并且拿出罚款单，要对小王进行罚款。李大爷的做法妥当吗？

【以案释法】 李大爷能不能对小王罚款，要看李大爷是否具备行政处罚的主体资格。我国城市居民委员会组织法规定了我国居委会的性质，是"居民自我管理、自我教育、自我服务的基层群众性自治组织"，不是行政主体。居委会既不是行政主体，也未获得有权行政机关的授权，所以居委会李大爷没有处罚小王的权力，不应当对小王罚款。

第二节　居民会议和居民公约

一、居民会议

居民委员会是基层群众自治性组织，协助基层政府开展公共行政管理时，可以在基层政府领导下开展工作；在处理社区内事物、居民自我管理、自我教育、自我服务时，其权力来源于社区内全体居民的授权，全体居民召开居民会议授权居民委员会行使权力。

城市居民委员会组织法第九条规定："居民会议由十八周岁以上的居民组成。居民会议可以由全体十八周岁以上居民或者每户派代表参加，也可以由每个居民小组选举代表二至三人参加。居民会议必须有全体十八周岁以上的居民、户的代表或者居民小组选举的代表的过半数出席，才能举行。会议的决定，由出席人的过半数通过。"

社区居民会议的权力行使方式类似于人民代表大会，社区居民委员会就日常工作应当向社区居民会议负责并报告工作情况，而不是向基层政府负责和报告工作。涉及社区全体居民利益的重要事项，居民委员会必须提请居民会议讨论决定后才能

作出处理。居民会议有权撤换、补选居民委员会的组成人员。

城市居民委员会组织法第十条规定："居民委员会向居民会议负责并报告工作。居民会议由居民委员会召集和主持。有五分之一以上的十八周岁以上的居民、五分之一以上的户或者三分之一以上的居民小组提议，应当召集居民会议。涉及全体居民利益的重要问题，居民委员会必须提请居民会议讨论决定。居民会议有权撤换和补选居民委员会成员。"

二、居民公约

居民公约是社区居民在居民会议上讨论制定的，集中体现社区居民行使社区事务自治权的集体智慧结晶，用以约束全体社区居民的准则。城市居民委员会组织法第十五条规定："居民公约由居民会议讨论制定，报不设区的市、市辖区的人民政府或者它的派出机关备案，由居民委员会监督。执行居民应当遵守居民会议的决议和居民公约。居民公约的内容不得与宪法、法律、法规和国家的政策相抵触。"

居民公约是社区居民在居民会议上通过民主方式讨论制定的，居民公约制定后需要报基层政府备案，只要其内容不违反宪法、法律、行政法规和国家政策即为有效。居民公约体现了社区居民对社区事务的处理态度和意思表示，具有广泛的群众基础，全体居民都应当遵守。公约不仅对社区居民具有约束力，同样也是社区居委会工作的准则。

思考题

1. 居民委员会的工作职责有哪些？
2. 居民会议的召开条件是什么？

第四章　社区物权

本 章 要 点

★学习物权的概念、特征、种类，掌握业主享有的建筑物区分所有权的内容，了解小区绿地和公共设施的归属和使用办法。

第一节　物权概述

一、物权的概念

物权是指权利人依法对特定的物享有直接支配和排他的权利，包括所有权、用益物权和担保物权。

物权的法律特征有：物权是权利人直接支配物的权利；物权是权利人直接享受物的利益的权利；物权是排他性的权利。

二、物权的种类

1. 所有权

所有权是所有权人在法律规定的范围内独占性地支配其所有的财产的权利。所有权人可以对其所有的财产占有、使用、收益、处分，并可以排除他人违背其意志所为的干涉。比如，对于房屋，业主可以自己住，可以用来经营小饭店，可以出租并收取租金，可以买卖。所有权是最完整、最充分的物权。为充分发挥物的效用，从所有权中可以分离、派生、引申出其他物权。

2. 用益物权

用益物权是对他人所有的物在一定范围内使用、收益的权利，包括地上权、地役权、自然资源使用权等。比如，租用他人土地种植农作物；用合同约定他人房屋不得遮挡自己房屋的阳光；

经授权勘探、开采、使用自然资源。

3.担保物权

担保物权是为了担保债的履行，在债务人或者第三人的特定财产上设定的物权，包括抵押权、质权、留置权，当债务人不履行债务时，债权人依法享有就担保财产优先受偿的权利。比如，买房贷款，将房屋抵押给银行；因借钱将自己的古董质押给朋友；因不缴纳保管费，货物被仓库管理员扣押。

第二节　建筑物区分所有权

一、业主和建筑物区分所有权的概念

业主，就是"物业的主人"，是房屋物业的产权人，享有房屋的使用权、所有权，但是不享有土地的所有权。物业管理条例第六条第一款规定："房屋的所有权人为业主。"是否享有房屋所有权是判断一个人是否具有物业管理活动中业主身份的唯一标准。

根据我国民法通则和物权法的规定，业主对于物业及其附属设施享有的是建筑物区分所有权。建筑物区分所有权是指业主对于一栋建筑物中结构上区分为由各个所有权人单独使用的专有部分和多个所有权人共同使用的共有部分，每个所有权人享有对专有部分的单独所有权、对共有部分的共有权以及因共同关系而产生的成员权。也就是说，业主对物业享有的建筑物区分所有权是业主对自己居住的房屋的专有所有权、对物业小区内公用设施的共有权和因共同关系而产生的成员权的结合。

二、专有所有权

专有部分是在一栋建筑物内区分出来的独立的住宅或者经营性用房等单元，该单元应当具备构造上与使用上的独立性。专有所有权是建筑物区分所有权人，即业主对其专有的房屋部分享有的占有、使用、收益和处分的权利。

业主享有并行使专有所有权，既受到法律保护，也受到法律的限制。即使业主可以充分地行使自己的权利，但是对于专有部分的利用也不得妨碍建筑物的正常使用或违反其他建筑物区分所有权人的共同利益。比如，业主在装修房屋时，不得随意改变房屋的原有结构，不得在和邻居共有的墙壁上凿洞；其他建筑物区分所有权人或物业管理企业因维修、养护物业及其附属设施而需要进入专有部分时，没有正当理由不得拒绝；将住宅改变为经营性用房时，除了应当遵守法律、法规以及管理规约外，应当经有利害关系的业主同意。

业主专有所有权的行使还需要尊重建筑物区分相邻关系。建筑物区分相邻关系主要涉及不动产相邻权利人之间采光、用水、排水、用电、铺设管道、堆放物品等事项。法律规定建筑物区分相邻关系是为了让所有业主能和谐行使自己的权利，在有效行使权利的同时，不得损害相邻关系人的利益。如果业主因违反建筑物区分相邻关系而给他人造成损害的，需要承担法律责任。物权法第九十二条规定："不动产权利人因用水、排水、通行、铺设管线等利用相邻不动产的，应当尽量避免对相邻的不动产权利人造成损害；造成损害的，应当给予赔偿。"

三、共有所有权

共有部分是指区分所有的建筑物及其附属物的共同部分，即专有部分以外的建筑物的其他部分。共有所有权是指业主依照法律或管理规约，对建筑物的共用部分所享有的占有、使用和收益的权利。

共有部分当中，属于全体业主共同使用的部分有：建筑物的基础、承重结构、外墙、屋顶等基本结构部分；通道、楼梯、大堂等公共通行部分；消防、公共照明等附属设施、设备；避难层、设备层或者设备间等结构部分。属于部分业主共用部分有：各相邻专有部分之间的楼板、隔墙，部分业主共同使用的楼梯、走廊、电梯等。

作为业主，对物业的共用部分行使的共有权主要有：对共用部分的共同使用权、对共用部分的收益分配权。在享受权利的同时，业主还应当分摊对共用部分进行修缮改良所花费的合理费用，对共用部分不得擅自改变其原有用途或进行拆除等。物权法第八十条规定："建筑物及其附属设施的费用分摊、收益分配等事项，有约定的，按照约定；没有约定或者约定不明确的，按照业主专有部分占建筑物总面积的比例确定。"

业主基于对住宅、经营性用房等专有部分特定使用功能的合理需要，无偿利用屋顶以及与其专有部分相对应的外墙面等共有部分的，不应认定为侵权。但违反法律、法规、管理规约，损害他人合法权益的除外。

业主对建筑物专有部分以外的共有部分，享有权利并承担义务，但不得以放弃权利为由不履行义务。共有部分为相关业主所共有，均不得分割，也不得单独转让。业主转让建筑物内的住宅、经营性用房，其对建筑物共有部分享有的共有权和共同管理的权利一并转让。

四、成员权

成员权是基于业主身份而享有的，作为物业成员之一共同管理专有部分和共有部分的使用、收益及维护等事项的权利。在物业小区中，对业主的专有部分和全体业主的共有部分的使用、管理都是在所有业主的约定和法律规定下进行的，任何一个业主都是物业管理过程中的一员，业主对于物业管理活动所享有的具体权利是其作为建筑物区分所有权人所享有的成员权的派生和体现。

物权法第八十三条规定："业主应当遵守法律、法规以及管理规约。业主大会和业主委员会，对任意弃置垃圾、排放污染物或者噪声、违反规定饲养动物、违章搭建、侵占通道、拒付物业费等损害他人合法权益的行为，有权依照法律、法规以及管理规约，要求行为人停止侵害、消除危险、排除妨害、赔偿损失。业主对侵害自己合法权益的行为，可以依法向人民法院提起诉讼。"

🔍 以案释法 ⑦

原业主基于在先许可，有权加盖第三层

【案情介绍】 张某打算盖一座三层小楼，经申请，于2000年2月获得城建部门批准并领取了建筑许可证。同年3月，张某开始建楼。不幸的是，张某的儿子在施工中摔成重伤，花去医疗费8万多元。张某由于资金不足，盖了两层就封顶了，准备以后有钱了再加盖第三层。不料，此后张某经营的小饭店亏本，欠债1万余元，张某只能将楼房的第二层出卖。李某买下了此楼的第二层，双方签订书面协议并办理了房屋过户手续。但是，张某在出卖第二层楼房时并没有说明将来要加盖第三层楼房。双方居住期间，都利用第二层楼顶堆放了一些杂物，双方对此均无意见。经过两年的经营，张某积攒下了一笔钱，并打算将楼房的第三层盖起来，于是通知李某将其堆放在第二层楼顶的杂物尽快清理。李某当即表示反对，认为自己买了第二层，楼顶应当属于自己所有，自己有权堆放杂物，而张某无权加盖第三层。张某则认为自己盖三层楼已经城建部门批准，当然有权加盖。双方相持不下，张某起诉到法院，要求维护自己的合法权益。

【以案释法】 本案中，第一层房主张某基于在先的许可权有权加盖第三层，但第二层房主李某对三楼楼顶仍有共有权。

根据建筑物区分所有权理论，张某基于在先的建筑许可证有权在第二层楼顶加盖第三层楼房。因为在李某购买第二层楼房前，张某已经取得了盖三层小楼的行政许可，且张某把第二层楼房出卖给李某时，双方签订的买卖合同中也没有约定张某不得加盖第三层楼房。在第三层楼房盖好后，对于该第三层楼房（专有部分），张某享有单独的专有所有权，但第三层楼房的楼顶则属于共用部分，应当由张某、李某共同占有、使用。

第三节 小区绿地与公共设施

一、小区绿地

近年来，小区绿地问题逐渐增多，有些小区的绿地被部分业主用栅栏圈了起来，且在绿化带里种菜，在栅栏旁边种植各种藤蔓作物。小区业主的这种行为是否适当，

小区业主是否有权利把公共绿地占为己有?

如果说园林绿化被称作"城市之肺",那么小区绿化就是"居民家园里的大自然"。居民小区应当是城市人回归自然的园林式居住区,它的环境应当令人愉悦,应当充满人与生物共享共处的自然美。种菜自然不能替代普通的绿化,小区的绿化率是衡量小区居住环境的重要指标,是人们购买房屋的一个重要参考。再者,小区楼下绿化地是全体业主共同所有的,由个别业主私自种菜是不合适的。最重要的是,在绿化地上种上菜后,有些居民还会在"菜地"上施肥,到了夏天,天气炎热,这些肥料会散发出阵阵恶臭,楼层较低的业主甚至连窗户都不敢开。由此可见,此举严重影响了小区的居住品质和业主的生活质量。

小区绿地是住宅的必要配套设施之一,是全体业主共同享有的。业主私自在绿地上种菜养花,破坏了小区整体规划,侵犯了其他业主的合法权益。物权法第七十三条明确规定,建筑区划内的绿地,属于业主共有,但属于城镇公共绿地或者明示属于个人的除外。该法实施后,小区绿地的使用和处分要由全体业主说了算,居民不能在业主共住的绿地上随意养花、种菜或通过圈地形式转化为个人专有。

随着居民生活质量的提高,城市中拥有私家车的家庭越来越多,这就使小区停车难的问题越来越突出,因此有很多小区物业公司擅自将绿地改建成停车场。小区绿地是否可以改建为停车场呢?

绿地属于公共部位,归小区全体业主共有。根据物权法有关规定,小区公共绿化带改建成停车位,必须征得小区全体业主2/3以上的同意。因此,将绿地改建成停车场必须征得业主同意,物业公司以发放调查表的形式征求业主意见也是可以的,但必须征得2/3以上业主的同意。另外,国家对小区绿化面积也有规定,因此,物业公司还要取得相关部门的批准才能将小区绿地改建成停车场。

以案释法 08

小区绿地不容私自占有

【案情介绍】王某在水岸小区的朋友家做客。朋友给王某介绍了水岸小区的地理位置、周边设施,对小区的绿化赞不绝口,推荐王某也在该小区买一套房子。王某在小区内走了一圈,感觉小区环境确实不错,决定在水岸小区买一套房子。

王某在小区居住一年间，发现小区的绿地逐渐被一些业主圈占，并且种上了蔬菜。夏天的时候，肥料的味道很大，发出阵阵刺鼻的味道。

这一天，王某的朋友来家里做客，王某无奈地对朋友说："当初在此购房，看中的就是这里绿地面积大，环境优美。现在这些人侵占公共绿地，使公用绿地面积越来越小，其他业主的利益怎么办啊！"

【以案释法】从上面这起纠纷来看，某些业主私自把小区绿地圈起来，很明显侵犯了其他业主的利益。但在物权法颁布实施之前，由于并未有法律法规明确规定小区绿地的归属权，因此造成其他业主维权时遇到困难。物权法中规定，建筑区划内的绿地、道路以及物业管理用房，属于业主共有，但属于市政建设的除外。这就明确了物的归属问题，小区绿地不属于业主个人或物业公司，而是归小区所有业主共同所有，部分业主私自占有绿地的行为应当予以纠正。

二、小区公共设施

近年来，由于小区公用配套设施而引发的争议很多，小区开发商、业主（业委会）、物业管理公司之间常常由于小区公用配套设施的使用、归属等对簿公堂。

（一）对小区公用配套设施的归属应作具体分析

小区公用设施的归属从物权法理论来看属于建筑物区分所有权问题的范畴，小区公用设施的归属主要区分以下几种情况：

小区的道路、绿地、休憩地、空余地、电梯、楼梯、连廊、走廊、天台等。这类公用配套设施是构成住宅小区整体不可缺少的，这些公用配套设施与整个住宅小区构成不可分割的整体，其本身并不具备独立产权的意义。事实上，这类公共配套设施的面积已作为公摊面积分摊到业主所购房屋的建筑面积中。对于此类公用配套设施，无论购房合同对其归属作出如何约定，都属于小区全体业主共同共有。

小区的停车场、会所、户外广告位等。这类公用配套设施也与小区业主的生活有重大关系，但相比以上其他的公用配套设施，该类公用配套设施还不足以重大到对业主的日常生活具有决定意义，离开这类公用配套设施，小区业主也不至于无从使用自己的房屋。更为重要的是，这类公用配套设施并不作为公摊面积分摊到业主所购房屋的建筑面积当中。因此，对于这类公用配套设施，允许开发商与业主在买卖合同中就其归属作出约定。

（二）小区公用配套设施必须按照规划用途提供给业主共同使用

无论小区的公用配套设施是属于全体业主所有，还是由开发商保留权利，小区

的公用配套设施都必须按照规划用途提供给全体业主共同使用。某些公共设施在权属上属开发商，但作为所有权人的开发商不得自由处分这类公用配套设施，而应当将公用配套设施提供给全体业主使用，当然这种使用可以是有偿的。开发商对小区公用配套设施所有权的行使受小区业主公共利益的限制，必须服从于小区业主使用公用配套设施的需要，开发商负担有担保购房业主使用小区的所有公用配套设施的义务。即使某些公用配套设施约定由开发商保留权利，开发商也不得擅自改变该类公用配套设施用途或不得将该类公用配套设施不开放给业主使用。擅自改变小区公用配套设施的用途即构成侵权，侵犯了业主对小区公用配套设施的共同使用权，应当承担立即停止侵权并恢复小区公用配套设施原状的法律责任。

小区公用配套设施用途的改变必须符合两个方面条件：（1）取得小区相对多数业主的书面签名同意；（2）征得相关部门的审批同意。

实践中，小区公用配套设施用途被改变的情形往往是开发商或者物业管理公司擅自将其改变为商业用途用于出租谋利。这种行为一方面构成违反房屋买卖合同中约定的条款，属违约行为；另一方面又违反了相关法律法规，属违法行为。因违约行为给业主造成的损害，业主可主张损害赔偿；因违法行为获得的租金收益属于非法所得，应予以没收。

思考题

1. 物权的种类有哪些？

2. 业主共有部分当中，属于全体业主共同使用的部分有哪些？

第五章 社区物业管理

本章要点

　★掌握物业管理的概念、物业管理合同的内容，学习业主的权利和义务、业主大会和业主委员会的组成、召开和职责，了解物业管理的主要内容。

第一节 物业管理概述

一、物业管理的概念及对象

物业管理条例第二条规定："本条例所称物业管理，是指业主通过选聘物业服务企业，由业主和物业服务企业按照物业服务合同约定，对房屋及配套的设施设备和相关场地进行维修、养护、管理，维护物业管理区域内的环境卫生和相关秩序的活动。"

根据物业管理条例的规定，物业管理活动的对象是一定区域内的房屋及配套的设施设备和相关场地，不仅包括住宅物业，也包括商用物业。管理活动包括对物业进行维修、养护、管理等，使物业设施能够正常使用，并保持物业管理区域内的环境卫生和正常秩序。

二、物业管理合同

物业管理合同是业主与物业管理企业就特定物业的管理服务事项约定权利义务而达成的协议。签订物业管理合同的当事人双方地位平等，双方自愿达成协议，合同对双方都具有约束力。

根据物业管理的特性，物业管理分为前期物业管理和正式物业管理两个阶段，所以物业管理合同也分为两种：前期物业管理合同和正式物业管理合同。物业管理合同的内容主要有：双方当事人的姓名或名称、住所；管理项目；管理内容；管理费用；双方权利和义务；合同期限；违约责任；其他事项等。

物业公司只是业主的服务者

【案情介绍】某小区建成不久，业主刚刚入住，还未成立业主大会。小区物业公司逐渐霸占了管理整个小区的权利。物业公司把小区底商旁边的广场租给一家饭店做"大排档"，对业主反映的小区排水系统问题不闻不问，小区停车场的车位只卖不租。业主们要求召开业主大会更换物业公司，物业公司蛮横地说："开不开业主大会要听我的，我说不开就不开。想换物业公司，没门！"

【以案释法】物业管理企业和业主是地位平等的主体，物业管理企业应当依据物业合同向业主提供服务，其管理的只是物业区域内的物业，而不是业主。业主是物业的主人，物业管理企业只是为业主服务，而不能代替业主决定物业区域内应当由业主决定的事项。利用共有部分进行经营以及所得收益的分配与使用是业主大会的权利，物业管理企业应当报请业主大会，而不应当私自与饭店老板签订协议出租物业共有部分盈利，更不应该将收入据为己有。我国物权法和物业管理条例都规定了业主可以设立业主大会，可以选聘和解聘物业服务企业或者其他管理人。由此可见，业主是雇主，物业管理企业则扮演着"保姆"的角色。如果保姆不称职，雇主可以随时解雇保姆。物业管理企业必须为了业主的利益行事。

第二节　业主和业主大会

一、业主的权利和义务

业主的权利有：(1) 按照物业服务合同的约定，接受物业服务企业提供的服务；(2) 提议召开业主大会会议，并就物业管理的有关事项提出建议；(3) 提出制定和修改管理规约、业主大会议事规则的建议；(4) 参加业主大会会议，行使投票权；(5) 选举业主委员会委员，并享有被选举权；(6) 监督业主委员会的工作；(7) 监督物业服务企业履行物业服务合同；(8) 对物业共用部位、共用设施设备和相关场地使用情况享有知情权和监督权；(9) 监督物业共用部位、共用设施设备专项维修资金的管理和使用；(10) 法律、法规规定的其他权利。

业主的义务有：(1) 遵守管理规约、业主大会议事规则；(2) 遵守物业管理区域内物业共用部位和共用设施设备的使用、公共秩序和环境卫生的维护等方面的规章制度；(3) 执行业主大会的决定和业主大会授权业主委员会作出的决定；(4) 按照国家有关规定交纳专项维修资金；(5) 按时交纳物业服务费用；(6) 法律、法规规定的其他义务。

二、业主大会

（一）业主大会概述

业主大会是由一定物业管理区域内的全体业主组成的最高决策机构。具有一定物业区域内的业主身份，是参加业主大会、行使对物业管理相关事项表决权利的前提。

业主大会是在物业管理区域开发到一定程度，业主入住率达到一定规模后由业主们按照业主大会规程的相关规定自发筹备建立的。业主大会由物业管理区域内的全体业主组成，在一个物业管理区域内，只能成立一个业主大会。

（二）业主大会的成立和召开

1. 首次业主大会

一般来说，住宅物业出售并交付使用的建筑面积达到50%以上或者首套住宅交付使用满2年的，该物业所在地的区、县房地产行政主管部门或街道办事处、乡镇人民政府组织业主成立业主大会筹备组，选举产生业主委员会。

首次业主大会会议筹备组由业主代表、建设单位代表、房管办事处代表、街道办事处或乡镇人民政府代表和居民委员会或村民委员会代表组成。筹备组成员人数应为单数，其中业主代表人数不低于筹备组总人数的一半，筹备组组长由街道办事处、乡镇人民政府代表担任。

业主大会筹备组应当自组成之日起30日内在物业所在地的区、县人民政府房地产行政主管部门的指导下，组织业主召开首次业主大会会议，并选举产生业主委员会，表决通过业主大会议事规则和管理规约。

2. 定期会议

业主大会定期会议应当按照业主大会议事规则的规定由业主委员会组织召开，一般每年度召开一次，应当有物业管理区域内专有部分占建筑物总面积过半数的业主且占总人数过半数的业主参加。

业主大会的会议内容有：（1）制定和修改业主大会议事规则；（2）制定和修改管理规约；（3）选举业主委员会或者更换业主委员会成员；（4）选聘和解聘物业服务企业；（5）筹集和使用专项维修资金；（6）改建、重建建筑物及其附属设施；（7）有关共有和共同管理权利的其他重大事项。

业主大会决定第（5）项和第（6）项规定的事项，应当经专有部分占建筑物总面积2/3以上的业主且占总人数2/3以上的业主同意；决定其他事项，应当经专有部分占建筑物总面积过半数的业主且占总人数过半数的业主同意。

3. 临时会议

临时会议由业主委员会组织召开。召开临时会议的条件有：（1）20%以上的业主提议的；（2）发生重大事故或者紧急事件需要及时处理的；（3）业主大会议事规则或者管理规约规定的其他情况。临时会议的会议内容由召开临时会议的原因和目的确定，一般是一事一议。

三、业主委员会

（一）业主委员会的组成

业主委员会由业主大会选举产生，受业主大会监督，向业主大会负责并报告工作。业主委员会作为业主大会的常设执行机构，处理物业管理工作区域内的日常事务。业主委员会的办公经费应当经业主大会审核通过后，由全体业主分担，收费标准由业主大会决定。

首次业主大会会议召开之前，业主大会筹备组应确定业主委员会委员候选人产生办法及名单，提交业主大会会议选举通过。业主委员会的任期由业主大会议事规则和业主委员会章程规定。在业主委员会任期届满两个月前，应当召开业主大会会议进行业主委员会的换届选举；逾期未换届的，房地产行政主管部门可以指派工作人员指导其换届工作。

通常情况下，在首次业主大会的时候就会选举产生业主委员会，并应当从选举之日起七日内召开首次业主委员会会议，推选产生业主委员会主任一人，副主任一至二人。

成为业主委员会委员应当符合的条件有：（1）本物业管理区域内具有完全民事行为能力的业主；（2）遵守国家有关法律、法规；（3）遵守业主大会议事规则、管理规约，模范履行业主义务；（4）热心公益事业，责任心强，公正廉洁，具有社会公信力；（5）具有一定的组织能力；（6）具备必要的工作时间。

业主委员会委员资格终止的条件有：（1）业主委员会委员首先必须是本物业管理区域内的业主，因物业转让、灭失等原因不再是业主的；（2）不履行委员职责的；（3）丧失民事行为能力的；（4）有犯罪行为，依法被限制人身自由的；（5）本人不愿继续担任业主委员会委员，以书面形式向业主大会提出辞呈的；（6）拒不履行业主义务的；（7）利用委员资格谋取私利的；（8）侵害他人合法权益的；（9）其他原因不宜担任业主委员会委员的。

（二）业主委员会的职责

业主委员会执行业主大会的决定事项，履行下列职责：（1）执行业主大会的决定和决议；（2）召集业主大会会议，报告物业管理实施情况；（3）与业主大会选聘的物业服务企业签订物业服务合同；（4）及时了解业主、物业使用人的意见和建议，监督和协助物业服务企业履行物业服务合同；（5）监督管理规约的实施；（6）督促业主交纳物业服务费及其他相关费用；（7）组织和监督专项维修资金的筹集和使用；（8）调解业主之间因物业使用、维护和管理产生的纠纷；（9）业主大会赋予的其他职责。

业主委员会应当向业主公布下列情况和资料：（1）管理规约、业主大会议事规则；（2）业主大会和业主委员会的决定；（3）物业服务合同；（4）专项维修资金的筹集、使用情况；（5）物业共有部分的使用和收益情况；（6）占用业主共有的道路或者其他场地用于停放汽车车位的处分情况；（7）业主大会和业主委员会工作经费的收支情况；（8）其他应当向业主公开的情况和资料。

（三）业主委员会会议

业主委员会会议的组织方式由业主大会议事规则和业主委员会章程规定。经1/3以上业主委员会委员提议或者业主委员会主任认为有必要的，应当及时召开业主委员会会议。业主委员会会议应当有过半数委员出席方为有效，作出决定必须经全体委员人数过半数以上同意。业主委员会的决定应当以书面形式在物业管理区域内及时公告。

第三节　前期物业管理

一、前期物业管理简介

前期物业管理活动是指在物业建成之后、业主大会成立之前，由房地产开发商直接与物业管理企业签订物业管理合同，约定由物业管理企业对一定物业区域进行的物业管理活动。

在前期物业管理阶段中，房地产开发商作为物业售出之前的"最大业主"，代替业主大会行使对物业管理活动事务的决策权。房地产开发商作出的前期物业管理决策，只要不违反法律的强制性规定，不损害已经入住的业主和将来购买物

业的业主的合法利益，在向业主明示之后不需要业主同意就已经是合法有效的了。

二、制定业主临时规约

业主临时规约是指在房地产开发商销售物业之前，就有关某一物业区域内物业的使用、维护、管理、业主的共同利益和应履行的义务而制定的相关规则。物业管理条例第二十二条规定："建设单位应当在销售物业之前，制定临时管理规约，对有关物业的使用、维护、管理，业主的共同利益，业主应当履行的义务，违反临时管理规约应当承担的责任等事项依法作出约定。建设单位制定的临时管理规约，不得侵害物业买受人的合法权益。"

三、签订前期物业管理合同

（一）选聘前期物业管理企业

在前期物业管理活动中，由于房地产开发商的特殊地位而被法律赋予了非常大的权利，其可以不经业主的同意便自行选择物业管理企业。这种过大的权利不能毫无限制，一方面，法律规定了开发商的行为不能损害业主的合法权益；另一方面，房地产开发商在选聘前期物业管理企业时，要受到法律的特别规定的约束：（1）房地产开发商选聘住宅物业的前期物业管理企业时，必须通过招标方式进行；（2）房地产开发商所选聘的进行前期物业管理的物业管理企业必须具有相应的物业管理资质。

（二）签订前期物业管理合同

前期物业管理合同是由房地产开发商与其选聘的物业管理企业所签订的，关于在一定物业区域内实施物业管理活动的合同。前期物业管理合同也应当以书面形式签订。房地产开发商与物业买受人签订物业买卖合同的时候，必须将前期物业管理合同作为物业买卖合同的一部分内容。前期物业服务合同可以约定期限，但是期限未满，业主委员会与物业服务企业签订的物业服务合同生效的，前期物业服务合同终止。

第四节　物业管理服务

一、社区物业综合管理的内容

（一）社区房屋建筑及其附属物

1.房屋建筑的主要组成部分

社区中有各种不同类型、不同用途的房屋建筑，但它们的主要组成部分是相同的，即主要是由楼地层、墙或柱、基础、楼电梯、屋盖、门窗这六大部分组成。

2.附属设备设施

我国城市社区中房屋建筑的常用附属设备可分为建筑设备和电气设备两大类，但是随着房屋建筑智能化的进程，智能化设备也成为房屋附属设备设施的重要组成

社区居民学法用法读本
48
（以案释法版）

部分。比如，建筑设备中的给排水系统、供暖、空调及通风系统、消防设备等，电气设备中的强电系统、弱电设备、电梯、防雷及接地装置等，社区智能化设备中的安全防范设备、信息网络设备、信息管理设备等。

（二）社区道路及停车场管理

（1）居民日常生活方面的交通活动，包括步行、自行车、摩托车和小汽车的交通活动；（2）区域内公共服务设施和工厂之间货运车辆的通行；（3）清除垃圾、粪便、递送邮件等市政公用车辆的通行；（4）满足铺设各种工程管线的需要；（5）道路的走向和线形是组织区域内建筑群体景观的重要手段，也是居民互相交往的重要场所（特别是一些以步行为主的道路）；（6）停车场管理。

（三）社区房屋修缮

1.社区房屋修缮与修缮管理

房屋修缮是指房屋自建成到报废为止的整个使用过程中，为了修复由于自然因素、人为因素造成的房屋损坏，维护和改善房屋使用功能，延长房屋使用年限而采用的各种养护维修活动。房屋修缮管理是指物业服务企业根据国家对房屋维修管理的要求和技术标准，按照一定的科学管理程序，对企业所经营管理的房屋进行维护、修缮的各项活动所进行的管理。

2.社区房屋维修工程分类

常用的房屋维修工程分类方法就是按照房屋的完好程度及工程性质对维修工程进行划分，主要可以划分为翻修工程、大型维修、中型维修、小型维修和综合维修五种。

（四）房屋的日常养护

通过对房屋的日常养护，可以维护房屋和设备的功能，使发生的损失能够及时得到修复；对于一些由于天气突发或隐蔽的物理、化学损坏导致的猝发性损失，不必等大修周期时再处理。

（五）设施设备的维护管理

具体包括有：（1）排水系统的维护管理；（2）供暖和供冷系统的养护管理；（3）电力系统的维修养护；（4）电梯系统的维修养护管理；（5）智能化系统的维修养护。

（六）社区环境卫生管理

具体包括有：（1）楼宇内的公共部位；（2）物业区域内的公共场地；（3）生活废弃物。

（七）社区环境绿化管理

具体包括有：（1）公共绿地；（2）公

保安形同虚设，门禁也无法使用。

共建筑和共用设施专用绿地；（3）住宅旁绿地；（4）街道绿地。

（八）社区治安管理

具体包括有：（1）建立健全物业安全保卫组织结构；（2）制定和完善各项基本制度和岗位责任制；（3）保安员的配备和训练；（4）建立正常的巡视制度；（5）完善区域内安全防范设施；（6）联系区内群众，搞好群防群治；（7）在当地公安派出所的指导下搞好治安管理；（8）与周边单位建立联防联保制度；（9）为保安员配备必要的保安器具，办理人身保险。

（九）社区消防管理

具体包括有：（1）组建高素质的消防队伍；（2）制定完善的消防制度；（3）消防日常管理工作；（4）消防培训。

二、物业管理服务中的相关问题

（一）建设单位的保修责任期

物业的保修责任，是指建设单位对物业竣工验收后在保修期内出现不符合工程建筑强制性标准和合同约定的质量缺陷予以保证修复的责任。如果尚在前期物业管理阶段时，一般还未过建设单位的保修责任期，应当由建设单位在保修的范围内承担物业的保修责任。

建设单位对于房屋各部位正常使用情况下的保修责任和保修期为：（1）基础设施工程、房屋建筑的地基基础工程和主体结构工程，为设计文件规定的该工程的合理使用年限；（2）屋面防水工程、有防水要求的卫生间、房间和外墙面的防渗漏，为5年；（3）供热与供冷系统，为2个采暖期、供冷期；（4）电气管线、给排水管道、设备安装和装修工程，为2年。其他项目的保修期限由发包方与承包方约定。建设工程的保修期，自竣工验收合格之日起计算。

🔍 以案释法 ❿

已过保修期，业主应当缴纳维修费用

【案情介绍】去年年底，某大厦6楼一住户洗菜池下水管堵塞，电话委托管理处维修班疏通。由于下水管堵塞严重，维修人员转到5楼，从下水管检查孔反向往上清疏。经过3个多小时的努力，管道彻底疏通了。疏通中从下水管里掏出不少沙子、白灰和油漆块，证明堵塞是该住户装修造成的。当维修人员收取40元维修费用时，该住户以维修未使用任何材料为由拒不交费，并振振有词地说，自己装修完刚入住，别的楼房都有一年保修期，他也应当住满一年后再交费。情况反映到管理处，主管领导上门做工作。首先，征询该住户对维修人员文明用语、工作态度、维修质量的意见，业主均表示满意。然后，便耐心地给他解释公用部分与自用部分的区别，依

据有关法规向其说明大厦已竣工多年，早就不存在保修期，室内维修发生的包括人工费在内的所有费用，都要由业主住户承担，并在核对这次疏通下水管工作量的基础上，进一步申明收取40元维修费，已给予了相当的优惠。这位住户觉得主管说得有理有据、合情合理，消除了误解，便支付了维修费用。

【以案释法】业主在购买房屋时，应当查看该房屋的相关文件资料，了解房屋的质量情况、保修期限、小区的物业服务企业和物业服务相关费用等。在装修房屋时应当按照装修许可证载明的情况装修，如果装修不符合规定，不但有可能影响自己的正常生活，甚至会威胁自己的生命安全和健康。对于维修时

已过保修期限的，应当按照物业服务合同交纳维修费，这样物业服务企业才能发展，才能为业主提供优质服务。

业主对物业管理法规缺乏了解是普遍现象，即使在市场已经相当成熟的地区，亦有相当一部分业主用户对物业管理法规缺乏足够的理解。物业公司应当善于利用多种渠道做宣传工作，向业主用户普及物业管理法规知识。通过提高他们对物业管理的认知度，为自己管理服务的顺利实施铺路。

（二）物业服务的收费标准

本质上，物业服务的收费问题属于民事活动范围，物业服务收费应该由业主和物业管理企业协商确定，并且在协商确定的过程中要遵守相关的民事法律规定。物业管理条例第四十一条规定："物业服务收费应当遵循合理、公开以及费用与服务水平相适应的原则，区别不同物业的性质和特点，由业主和物业服务企业按照国务院价格主管部门会同国务院建设行政主管部门制定的物业服务收费办法，在物业服务合同中约定。"

思考题

1. 物业管理合同的主要内容有哪些？

2. 业主的权利有哪些？

3. 物业管理的内容有哪几部分？

第六章　社区婚姻家庭

本 章 要 点

★学习结婚和离婚的条件、夫妻关系的内容、离婚的方式和法律后果，了解继承方式、遗产如何处理，知悉收养关系成立和解除的条件、收养的法律效力，了解我国人口与计划生育的基本政策，掌握未成年人、妇女、老年人和残疾人享有的权益的内容。

第一节　婚　姻

一、结婚

（一）结婚的条件

1. 结婚的必备条件

一是结婚自由原则，结婚必须男女双方完全自愿，不许任何一方对他方加以强迫或任何第三者加以干涉。二是双方必须均达到法定婚龄，男不得早于二十二周岁，女不得早于二十周岁。三是必须符合一夫一妻制，一方或双方已有配偶的，婚姻登记机关不予登记。要求结婚的男女必须都没有配偶，没有配偶是指未婚、丧偶或离婚。

2. 结婚的禁止条件

一是直系血亲和三代以内的旁系血亲禁止结婚；二是患有医学上认为不应当结婚的疾病的禁止结婚。

（二）结婚登记

结婚登记是结婚的法定程序，也是结婚的必经程序。想要结婚的男女双方除了满足法律规定的必备条件和禁止条件以外，还必须履行法定的登记程序，否则不能获得国家法律的认可。婚姻法第八条规定："要求结婚的男女双方必须亲自到婚姻登记机关进行结婚登记。符合本法规定的，予以登记，发给结婚证。取得结婚证，即确立夫妻关系。未办理结婚登记的，应当补办登记。"

（三）同居、事实婚姻、重婚

1. 同居

同居，是指两个人出于某种目的而暂时居住在一起，一般用于异性之间。在充分尊重个人恋爱自由的当今社会中，男女双方情投意合，且都没有配偶，法律不会干涉同居行为，因此同居行为不是违法行为。但是，如果同居一方或者双方已经有配偶，双方的同居显然是违法行为，情节严重的还会构成重婚罪，受到法律制裁。

2. 事实婚姻

事实婚姻是指没有配偶的男女双方没有办理结婚登记，就以夫妻名义同居生活，周围群众也认为是夫妻关系的婚姻。

根据我国现行法律，只有双方在1994年2月1日之前就已经开始同居关系，并且双方均符合结婚实质要件的，才会被认定为构成事实婚姻。如果双方在1994年2月1日之后开始同居的，都只能算是普通的未婚同居关系。

3. 重婚

重婚就是两个婚姻关系的重合。重婚的情况包括：一是法律上的重婚，即有配偶者与他人再次登记结婚的；二是事实上的重婚，即有配偶者与他人以夫妻名义共同生活的。

考虑到现实生活中的情况比较复杂，法律特别规定如下几种情况不属于重婚行为：（1）有配偶者与他人偶尔通奸；（2）先有事实婚姻，后与他人登记结婚；（3）先有事实婚姻，后与他人有事实婚姻；（4）有配偶者被拐卖后被迫再次结婚的。

二、夫妻关系

（一）夫妻人身关系

夫妻人身关系是指夫妻双方在婚姻中的身份、地位、人格等多方面的权利与义务关系。夫妻人身关系的主要内容有：夫妻双方地位平等、独立；夫妻双方都享有姓名权；夫妻之间的忠实义务；夫妻双方的人身自由权；夫妻住所选定权；禁止家庭暴力、虐待、遗弃；计划生育义务。

（二）夫妻财产关系

男女双方结婚产生了夫妻人身关系，随之也产生了夫妻财产关系。夫妻财产关系主要由三部分组成：夫妻财产的所有权；夫妻间相互扶养的义务；夫妻间相互继承遗产的权利。其中，夫妻财产的所有权又包括夫妻一方的财产所有权和夫妻双方的共同财产所有权。我国婚姻法对夫妻财产制采用的是法定夫妻财产制与约定夫妻财产制相结合的模式。

1. 法定夫妻财产制

法定夫妻财产制是指夫妻双方在婚前、婚后都没有约定或约定无效时，直接适用有关法律规定的夫妻财产制度。

2. 约定夫妻财产制

约定夫妻财产制是指夫妻双方通过协商，对婚前、婚后取得的财产的归属、处分以及在婚姻关系解除后的财产分割达成协议，并优先于法定夫妻财产制适用的夫妻财产制度。

法律明确要求约定夫妻财产制采用书面形式，没有约定或约定不明确的，适用法定夫妻财产制的有关内容。夫妻对婚姻关系存续期间所得的财产以及婚前财产的约定，对双方均具有约束力。如果这种约定与法律规定的财产分配情况不相同，约定优先。

虽然自己挣得少，但夫妻共同财产房子、汽车却享有和老公平等的处分权。

三、离婚

（一）协议离婚

协议离婚是指夫妻双方依据法律规定自愿达成离婚协议，解除婚姻关系的法律行为。根据婚姻法第三十一条规定，男女双方自愿离婚的，双方必须到婚姻登记机关申请离婚登记。婚姻登记机关经过形式审查和实质审查，确认双方自愿并对子女和财产问题已经有适当处理的，应当办理离婚登记并发给离婚证。

婚姻登记机关不予受理的情形有：（1）只有一方当事人请求登记离婚的；（2）双方当事人请求离婚，但对子女抚养、财产及债务清偿未能达成协议的；（3）双方或一方当事人为限制民事行为能力人或无民事行为能力人的；（4）双方当事人未办理过结婚登记的。

（二）诉讼离婚

诉讼离婚是指夫妻双方对离婚、离婚后子女抚养或者财产分割等问题不能达成协议，由一方向人民法院起诉，人民法院依诉讼程序审理后，调解或判决解除婚姻关系的法律制度。

协议离婚仅适用于双方自愿离婚并就子女和财产问题已有适当处理的情形，而诉讼离婚则适用于一切离婚案件。如果双方要解除的是事实婚姻，则仅能通过诉讼方式进行。

诉讼离婚中的两项特殊保护：（1）现役军人的配偶要求离婚，须得军人同意，但军人一方有重大过错的除外；（2）女方在怀孕期间、分娩后一年内或终止妊娠后六个月内，男方不得提出离婚。女方提出离婚的，或人民法院认为确有必要受理男方离婚请求的，不在此限。

（三）离婚的法律后果

离婚是导致婚姻关系终止的法律事实，其法律后果体现在当事人人身关系和财产关系两方面。人身关系方面，因夫妻身份而确定的相互扶养的权利与义务、相互继承的权利、监护关系均因离婚而消灭，同时当事人获得再婚的权利。财产关系方面，发生夫妻共同生活财产与个人财产的认定和分割、债务的定性与清偿、特定情形下的经济补偿、对生活困难一方的经济帮助等。

1. 财产处理

在没有任何约定的前提下，离婚时财产分割中最大的问题出在夫妻共有财产的认定上，分割财产也主要是分割这一部分。

夫妻共有财产的认定以婚姻关系成立的时间为起点，婚姻关系合法成立后所取得的收入即为夫妻共有。婚姻法第十七条规定："夫妻在婚姻关系存续期间所得的工资、奖金，生产、经营的收益以及知识产权的收益，除婚姻法第十八条第三项之外继承或赠予所得的财产以及其他应归夫妻共同所有的财产，均为夫妻所有的共同财产。"

在离婚分割共同财产时，需要特别注意的是，即使夫妻有过书面约定婚姻关系存续期间所得的财产归各自所有，但如果一方因抚育子女、照顾老人、协助另一方工作等事项履行较多义务的，离婚时有权向另一方请求补偿，另一方应当予以补偿。

分割夫妻共同财产时，对一方隐藏、转移、变卖、毁损夫妻共同财产或伪造债务企图侵占另一方财产的，可以少分或不分。离婚后，另一方发现有上述行为的，可以向人民法院提起诉讼，请求再次分割夫妻共同财产。再次分割夫妻共同财产请求权的诉讼时效是两年，从当事人发现的次日起计算。

🔍 以案释法 ⑪

如何认定夫妻共同财产

【案情介绍】张某和王某是同乡，2000年，两人都是18岁时来到市里打工，不久后成为恋人，两人决定同居，双方父母也同意其结婚。2002年两人在老家举行了婚礼，但是并未登记结婚。2003年张某的父母为其在市里买了一套房子。之后张某的事业发展顺利，于2005年购买一辆汽车。2006年两人补办了结婚手续，同年张某的父母为其交首付购买了第二套房子，张某夫妻二人共同还贷。之后张某长期忙于事业，对家庭越来越不关心，导致夫妻感情破裂。2007年，两人协议离婚不成，向某区人民法院提起离婚诉讼。

【以案释法】本案的关键是两套房屋和一辆汽车是否属于夫妻共同财产。第一套房子是张某的父母为其购买，第二套房子是张某的父母为其支付首付款。根据《最高人民法院关于适用〈中华人民共和国婚姻法〉若干问题的解释（三）》的规定，两套房子都应当视为张某父母对张某个人的赠与，产权归张某所有。由于第二套房屋由张某和王某共同还贷，虽然产权归张某所有，但是张某应当根据婚后共同还贷支付的款项及其相对应财产增值部分对王某进行补偿。根据婚姻法规定，婚姻关系一般从夫妻双方登记结婚并领取结婚证开始确立，但如果双方存在先有同居事实后补办登记的情况，婚姻效力应当从双方符合结婚实质要件时开始计算。本案中，张某和王某于2004年时符合结婚实质要件，2005年购买的汽车应当属于夫妻共同财产，王某可以分得一半。

2. 债务清偿

共同债务是指在婚姻存续期间，为家庭共同生活包括为履行抚养、赡养义务所负的债务以及家庭生产经营活动所负的债务，因而夫妻双方应对共同债务负连带责任。共同债务具体包括：为夫妻、家庭共同日常生活需要所负的债务；为抚养子女所负的债务；夫妻一方或双方为履行共同义务所负的债务；为一方或双方治疗疾病所负的债务；家庭在生产经营中所负的债务等。

夫妻一方的个人债务由本人偿还。个人债务是指夫妻一方以个人名义所负的与夫妻共同生活无关的债务。个人债务具体包括：夫妻双方约定由个人承担的债务，但以逃避债务为目的的除外；擅自资助与其无抚养义务关系的亲友所负的债务；一方未经对方同意，独自筹资进行经营，其收入未用于共同生活所负的债务；其他个人债务。离婚时，不得要求用共同财产清偿，对方也无需负连带责任。

3. 对生活困难一方的经济帮助

婚姻法第四十二条规定，离婚时，如一方生活困难，另一方应从其住房等个人财产中给予适当帮助。具体办法由双方协商，协商不成时由人民法院判决。经济帮助不以困难一方无过错为条件。根据相关司法解释，"生活困难"是指其依靠个人财产和离婚时分得的财产无法维持当地基本生活水平。

4. 抚养子女

夫妻离婚时已育有子女的，双方可以协商解决子女的抚养权问题。协商不成而起诉的，法院一般会按照有利于子女健康成长的原则来办理。

离婚后抚养子女的另一大问题是抚养费的支付。婚姻法第三十七条规定："离婚后，一方抚养的子女，另一方应负担必要的生活费和教育费的一部或全部，负担费用的多少和期限的长短，由双方协议；协议不成时，由人民法院判决。关于子女生活费和教育费的协议或判决，不妨碍子女在必要时向父母任何一方提出超过协议或判决原定数额的合理要求。"

离婚后，不直接抚养子女的一方，在负担子女必要的生活费和教育费的一部分或者全部的同时，也享有对子女的探望权。对于不利于子女身心健康的，由人民法院依法中止其探望权，待中止事由消失后，应当恢复探望的权利。

（四）离婚损害赔偿

离婚损害赔偿是指因夫妻一方有特定侵权行为导致离婚，另一方当事人有权依法请求的损害赔偿。

1. 承担赔偿责任的条件

根据婚姻法第四十六条规定，提起损害赔偿的请求主体只能是合法婚姻关系中的无过错方，且必须是由于对方的过错导致离婚的；承担损害赔偿责任的主体仅为离婚诉讼当事人中无过错方的配偶。因此，如果婚姻关系当事人不起诉离婚而单独依据该条规定提起损害赔偿诉讼请求的，人民法院不予受理。

2. 过错的内容

根据婚姻法第四十六条规定，有下列情形之一导致离婚的，无过错方有权请求损害赔偿：（1）重婚的；（2）有配偶者与他人同居的；（3）实施家庭暴力的；（4）虐待、遗弃家庭成员的。

3. 承担责任的内容

离婚损害赔偿的范围包括物质损害赔偿和精神损害赔偿。精神损害赔偿请求权是指无过错方请求对方给付相应的精神损害抚慰金的权利。精神损害赔偿具体赔偿数额依据《最高人民法院关于确定民事侵权精神损害赔偿责任若干问题的解释》的规定予以确定。

第二节　继　承

一、继承概述

（一）继承与继承权

继承是指自然人死亡后，由法律规定的一定范围内的人或遗嘱指定的人依法取得死者遗留的个人合法财产的法律制度。我国继承法将继承分为法定继承和遗嘱继承。法定继承是指继承人直接依照法律规定继承被继承人的遗产；遗嘱继承是指继承人依照被继承人的遗嘱继承被继承人的遗产。

继承权是指自然人依照法律规定或者被继承人遗嘱的指定，享有的承受被继承人遗产的民事权利。继承权是一项财产权，但是由于继承权基于一定的身份关系，所以继承权具有不可转让性。享有继承权的主体只能是自然人。法人、其他组织或国家可以成为受遗赠人，但不能以法定继承人或者遗嘱继承人的身份取得遗产。

（二）继承权的取得、放弃、丧失和保护

1.继承权的取得

自然人取得继承权的方式主要有两种：法律的直接规定和合法有效的遗嘱的指定。前者成为法定继承权的取得，后者成为遗嘱继承权的取得。

法定继承权的取得可以基于三种原因：（1）基于婚姻关系取得；（2）基于血缘关系取得；（3）基于抚养、赡养关系取得。

我不回这个家了，房子我也不要了！

2.继承权的放弃

继承权的放弃是指继承人在继承开始后，遗产分割前，以明示的方式作出的拒绝接受被继承人遗产的意思表示。放弃继承权的意思表示是单方法律行为，无需经他人同意。

继承人放弃继承权的意思表示应该在继承开始后，遗产分割前以明示的方式作出。继承人在遗产分割前没有明确作出意思表示的，视为接受继承。在遗产处理前或诉讼进行中，继承人对放弃行为反悔的，由人民法院依其提出的理由决定是否予以承认。遗产处理后，继承人对放弃继承反悔的，法院不予承认。

3.继承权的丧失

继承权的丧失是指继承人因对被继承人或其他继承人有法律规定的违法行为而被依法剥夺继承权，从而丧失继承权的法律制度。

根据继承法第七条的规定，导致继承人丧失继承权的行为有：（1）故意杀害被继承人的，只要主观上是故意，客观上有杀害行为，不论是否既遂，都应剥夺其继承权；（2）为争夺遗产而杀害其他继承人的；（3）遗弃被继承人的，或虐待被继承人情节严重的；（4）伪造、篡改或者销毁遗嘱，情节严重的。

二、法定继承

法定继承是指在没有遗赠扶养协议和遗嘱，或者遗赠扶养协议和遗嘱无效时，根据法律确定继承人范围、继承顺序和遗产分配原则的继承方式。

（一）法定继承的范围和顺序

因为传统习惯，我国适用较多的是法定继承方式。根据继承法和相关司法解释，

第一顺位继承人有配偶、子女（包括婚生子女、非婚生子女、养子女和有抚养关系的继子女）、父母（包括生父母、养父母和有扶养关系的继父母）；第二顺位继承人有兄弟姐妹（包括同父母的兄弟姐妹、同父异母或同母异父的兄弟姐妹、养兄弟姐妹、有扶养关系的继兄弟姐妹）、祖父母、外祖父母。第一顺位继承人有优先继承全部遗产的权利，第一顺位继承人继承时，第二顺位继承人不能继承；没有第一顺位继承人或者第一顺位继承人全部放弃或丧失继承权时，第二顺位继承人才能继承遗产。

需要注意的是，丧偶儿媳对公婆、丧偶女婿对岳父母尽了主要赡养义务的，不管其是否再婚，都应当作为第一顺位继承人。继兄姐对继弟妹有扶养关系的情况下，继兄弟姐妹之间的继承关系才会发生。继兄弟姐妹之间相互继承了遗产的，不影响其继承亲兄弟姐妹的遗产。

（二）代位继承

代位继承是指继承人先于被继承人死亡或宣告死亡时，本应由继承人继承的遗产，由继承人的晚辈直系血亲代其继承被继承人遗产的法定继承制度。

根据继承法及相关司法解释，需要注意以下几点：（1）被继承人的子女先于被继承人死亡的，由被继承人的子女的晚辈直系血亲代位继承；（2）代位继承人必须是被继承人子女的晚辈直系血亲，且不受辈数限制，但继承的遗产份额以被代位继承人原来享有的份额为限；（3）代位继承只能适用于法定继承，遗嘱继承和遗赠不适用代位继承；（4）被代位继承人只能是被继承人的子女；（5）被代位继承人必须具有继承权。

三、遗嘱继承、遗赠和遗赠扶养协议

（一）遗嘱

遗嘱是公民依法对自己死后所留遗产作出处理的单方意思表示，是一种单方的民事法律行为。遗嘱具有人身属性，须由遗嘱人亲自设定，不能由他人代理。遗嘱在遗嘱人死亡后发生法律效力，遗嘱人可以撤销、变更自己所立的遗嘱。遗嘱的形式要符合法律规定，是一种要式法律行为。

遗嘱的内容必须是遗嘱人的真实意思表示，受胁迫、欺诈所立的遗嘱无效；伪造的遗嘱无效；篡改遗嘱的，篡改部分无效。遗嘱只能处分遗嘱人自己所有的财产。遗嘱应当对缺乏劳动能力又没有生活来源的继承人保留必要的遗产份额，遗嘱人未保留的，分配遗产时，应当为该继承人保留必要的遗产后，剩余部分才能按照遗嘱分配。

订立遗嘱的形式包括：（1）自书遗嘱；（2）公证遗嘱；（3）代书遗嘱；（4）录音遗嘱；（5）口头遗嘱。

（二）遗嘱继承、遗赠和遗赠扶养协议

遗嘱继承是指继承人按照被继承人所立的合法有效的遗嘱取得被继承人的遗产。遗赠是指公民通过设立遗嘱把遗产的全部或者部分，在其死后无偿赠与国家、社会组织或法定继承人以外的其他公民。遗赠人与扶养人或者集体组织签订协议，约定由扶养人或者集体组织负责为遗赠人养老送终，在遗赠人死后取得遗赠人财产的全部或者部分的协议就是遗赠扶养协议。

遗嘱继承、遗赠和遗赠扶养协议都是公民通过订立遗嘱的形式对自己生前财产进行的处理。遗嘱继承的效力高于法定继承，但低于遗赠扶养协议。只有在没有遗赠扶养协议或遗赠扶养协议无效，或者遗赠扶养协议有效但遗产中遗赠扶养协议尚未涉及的部分，遗嘱继承、遗赠、法定继承才能发生效力。

大哥，以后你赡养爸妈吧，我实在是没多少钱！

🔍以案释法 ⑫

继承的顺序如何确定

【案情介绍】 张大爷老两口已经70岁了，育有两个儿子，家里有四套房子。两个儿子约定轮流赡养张大爷和老伴，每半年轮换一次。2003年，小儿子不愿再赡养父母，要求大哥赡养。张大爷和老伴被大儿子接回家，并与大儿子办理了公证遗嘱，将张大爷名下的两套房子作为遗产，由大儿子继承。2004年，张大爷夫妻与大儿媳妇发生尖锐矛盾，无法再生活在一起，只能自己搬出大儿子的家。之后，张大爷与一家养老院签订遗赠扶养协议，约定由养老院赡养张大爷夫妻，待张大爷去世后，养老院取得张大爷名下的一套房子。2005年，张大爷患脑血栓曾一度危及生命，在医院，张大爷在医生的帮助下，立口头遗嘱一份，将分给大儿子的两套房子中的一套留给小儿子。张大爷出院后一直未再立遗嘱。2007年，张大爷再次发病，不幸去世。张大爷的遗产应如何分配？

【以案释法】 张大爷和老伴一共拥有四套房产，这四套房产是夫妻共同财产，应当进行分割后再开始继承。张大爷的老伴拥有两套房产，张大爷的遗产是两套房产。张大爷生前有遗赠扶养协议一份，有公证遗嘱一份，还有口头遗嘱一份。根据继承法的规定，遗赠扶养协议的效力高于遗嘱，遗嘱的效力高于法定继承。本案中，张大爷与养老院签订了遗赠扶养协议，所以养老院应当获得张大爷名下的房产一套。张大爷与大儿子办理了公证遗嘱，但是，张大爷的遗产只有两套房产，所以大儿子只能获得张大爷名下的另一套房产。

四、遗产的处理

（一）遗产的确定

遗产是指自然人死亡时遗留的个人合法财产。该财产首先必须是公民自己的财产，别人的财产和公民代管的财产都不是遗产；其次，"遗产"是公民死亡时使用的概念，公民未死亡时的财产不能称为"遗产"；最后，遗产必须是合法财产，毒品、枪支等非法财产不能成为遗产。继承法第三条规定的遗产包括：公民的收入；公民的房屋、储蓄和生活用品；公民的林木、牲畜和家禽；公民的文物、图书资料；法律允许公民所有的生产资料；公民的著作权、专利权中的财产权利；公民的其他合法财产。其他合法财产包括有价证券和履行标的为财物的债券等。

（二）遗产的分割

遗产的分割只能在继承开始后进行，分割的对象只能是遗产，只有在存在多个继承人的情况下，才会产生遗产分割的问题。

分割遗产的方法有：（1）实物分割法，当遗产为可分物时，按各继承人的应继承份额对遗产进行实物分割；（2）变价分割法，将遗产出卖换取价金，由继承人分取价金；（3）补偿分割法，继承人取得某项遗产的价值超过其应继承的遗产份额时，该继承人将超过部分作价补偿给其他继承人；（4）保留共有法，在遗产不宜分割并且继承人同意不分割的情况下，可以不分割遗产，保留各继承人对遗产的共有权。

同一顺序的继承人一般继承份额均等。但这不是绝对的，对于生活有特殊困难的缺乏劳动能力的继承人，分配遗产时应当予以照顾。遗产分割时，应当保留胎儿的继承份额。胎儿出生时是死体的，保留的份额按照法定继承办理。对于无人继承又无人受遗赠的遗产，收归国家所有；死者生前是集体所有制组织成员的，收归其所在集体所有制组织所有。

继承到的遗产应当首先用于清偿被继承人依法应当缴纳的税款和债务，缴纳税款和清偿债务以被继承人的遗产实际价值为限。超过遗产实际价值部分，继承人自愿偿还的不在此限。继承人放弃继承的，对被继承人依法应当缴纳的税款和偿付的债务可以不负偿还责任。受遗赠时也是如此。

第三节　收　养

一、收养关系的成立

收养子女涉及收养人、被收养人和送养人。

根据收养法第六条规定，首先，收养人必须具备的条件有：（1）没有子女；（2）有抚养教育被收养人的能力；（3）没有患医学上认为不应当收养子女的疾病；（4）年满三十周岁。其次，收养人收养三代以内旁系血亲的子女，可以不受收养法第四条第三项（生父母有特殊困难无力抚养的不满十四周岁的未成年人可以被收养）、第五条第三项（有特殊困难无力抚养子女的生父母可以作送养人）、第九条（无配偶的男性收养女性的，收养人与被收养人的年龄应当相差四十周岁以上）和被收养人不满十四周岁的限制；华侨收养三代以内旁系血亲的子女的，还可以不受收养法第六条第一项（收养人应当无子女）的限制。再次，收养人一般只能收养一名子女，收养孤儿、残疾儿童或者社会福利机构抚养查找不到生父母的弃婴和儿童，可以不受无子女和收养一名的限制。最后，根据收养法第九条规定，无配偶的男性收养女性的，收养人与被收养人的年龄应当相差四十周岁以上。收养人有配偶的须由夫妻双方共同决定。

被收养人应当符合的条件：首先，须为未满十四周岁的未成年人；其次，为丧失父母的孤儿或是查找不到生父母的弃婴和儿童，或其父母有特殊困难无抚养能力的。

送养人应当符合的条件：根据收养法第五条规定，送养人须为下列自然人或社会组织：一是孤儿的监护人；二是社会福利机构；三是有特殊困难无力抚养子女的生父母。子女送养作为夫妻关系中的重大事项，必须由夫妻双方共同协商决定。如果生父母一方下落不明或查找不到的，可以单方送养，收养法第十条对此作了明确规定。此外，根据收养法第十二条、第十三条的规定，在未成年人的父母均不具备完全民事行为能力又对该未成年人有严重危害可能时，未成年人的监护人可以将其送养；未成年孤儿的监护人，必须在征得有抚养义务人同意时，才可以送养该孤儿。送养人不得以送养子女的理由违反计划生育的规定再生育子女。配偶一方死亡的，另一方送养未成年子女的，死亡一方的父母有优先抚养权。

二、收养的法律效力

收养关系自登记之日起成立、生效。根据收养法第二十三条的规定，收养的法律效力分为两方面：

收养的拟制效力，即形成收养拟制血亲的父母子女关系，效力与自然血亲的父母子女关系相同。

收养的解消效力，即收养使被收养人与其生父母间的权利义务关系依法终止消除的效力。这是对父母子女法律关系的消解，而对父母子女间的血缘关系是无法消除的。收养法第二十三条第二款规定，养子女与生父母及其他近亲属间的权利义务关系，因收养关系的成立而消除。"其他近亲属"是指祖父母、外祖父母、兄弟姐妹。

需要注意的是，婚姻法关于禁止直系血亲和三代以内旁系血亲结婚的规定仍然适用于养子女与生父母以及生父母的近亲属之间的结婚行为。

孤儿或生父母无力抚养的子女与生父母亲属、朋友间可以形成抚养关系，但不适用收养关系。

三、收养关系的解除

解除收养关系就是指对拟制的父母子女关系通过一定程序解除父母子女间权利义务关系的行为。

（一）收养关系解除的条件

收养关系解除条件主要包括：养父母与成年养子女关系恶化，无法共同生活的；收养人不履行抚养义务，有虐待、遗弃等侵害未成年养子女合法权益的行为的；送养人行使对养父母子女关系解除权的；因养子女成年后，虐待、遗弃养父母的。养子女年满十周岁，应征得本人同意。被收养人仍未成年的，收养人不得解除收养关系，但收养、送养双方协议解除的除外。

🔍 以案释法 ⑬

养女的继承权

【案情介绍】王某夫妻年过半百，膝下没有子女，1990年初把同事之女李某收为养女，改名为王某丽，办理了收养手续。此后王某夫妇对王某丽疼爱有加，抚育培养她直至中专毕业并参加了工作，但王某丽对养父母从未有过真正的感情，对二老的生活漠不关心。1998年冬天，养父王某病重住院期间，她也未尽养女责任，除了探望过一次以外，病人全靠单位派人护理照料。1999年春，王某去世后，王某丽对年老无依的养母不但未尽赡养义务，反而多次辱骂甚至企图将老人赶出住房。养母孤苦无依，打算变卖与丈夫共有的四间房屋，然后投靠亲戚，王某丽坚决反对并多方阻挠。养母无奈之中，便向人民法院起诉，她要求：（1）解除与王某丽的关系，并要王某丽补偿收养10年来的抚育费用；（2）确认王某丽无权继承养父的遗产，房屋变卖后全部收入归她个人所有，以安度晚年。王某丽表示：（1）不同意解除收养关系；（2）这四间私房中的一半应归她所有，养母无权单方面出卖房屋。

王妻想了解：（1）其与王某丽的收养关系能否解除？（2）要求王某丽补偿收养期间的抚育费用，依法可否予以支持？（3）王某丽对养父的遗产有无继承权？（4）该四间房屋依法应如何处理？

【以案释法】王妻的问题可作如下处理：

（1）根据收养法第二十七条规定，养父母与成年养子女关系恶化，无法共同生活的，可以协议解除收养关系。不能达成协议的，可以向人民法院起诉。据此，法院应依法解除双方的收养关系。

（2）养母的要求应予支持。根据收养法第三十条规定，因养子女成年后虐待、遗弃养父母而解除收养关系的，养父母可以要求养子女补偿收养期间支出的生活费和教育费。

（3）王某丽对养父的遗产有继承权。因为王某丽与王某夫妇的收养关系合法、有效，双方之间的权利义务适用法律关于父母子女权利义务的规定。王某丽对王某生前不关心、不照料，但其情节尚不构成丧失其对养父遗产继承权的条件。

（4）这四间房屋是王某夫妇的共同财产，其中一半（两间）属于养母个人所有，另一半（两间）为死者王某的遗产，养母（王妻）与王某丽作为死者遗产第一顺序法定继承人，均有权分得王某的遗产，原则上每人一间。但考虑到王某丽对王某夫妇不尽赡养照顾义务，因此在分配遗产时，应当不分或少分。

（二）收养关系解除的程序和方式

收养人与送养人或收养人与成年的被收养人可以协议解除收养关系；不能达成协议的，也可以诉请人民法院解决。当事人协议解除收养关系的，应当到民政部门办理解除收养关系的登记。

协议解除收养关系的应符合下列条件：双方就解除收养关系达成合意；双方均需为完全民事行为能力人；在夫妻共同决定形成的收养关系解除时，仍应由夫妻双方共同决定。在养父母与成年养子女关系恶化，一方要求解除收养关系时，人民法院应依据双方的实际情况判决解除。

（三）解除收养关系的效力

根据收养法第二十九条规定："收养关系解除后，养子女与养父母及其他近亲属间的权利义务关系即行消除，与生父母及其他近亲属间的权利义务关系自行恢复，但成年养子女与生父母及其他近亲属间的权利义务关系是否恢复，可以协商确定。"收养关系解除后，经养父母抚育的成年养子女，对缺乏劳动能力又缺乏生活来源的养父母，应当给付生活费。因养子女成年后虐待、遗弃养父母而解除收养关系的，养父母可以要求养子女补偿收养期间支出的生活费和教育费。生父母要求解除收养关系的，养父母可以要求生父母适当补偿收养期间支出的生活费和教育费，但因养父母虐待、遗弃养子女而解除收养关系的除外。

第四节　人口与计划生育

一、我国计划生育政策简介

20世纪70年代初以来我国政府开始大力推行计划生育，1978年以后计划生育成为我国的一项基本国策。2001年12月29日，人口与计划生育法在九届全国人大常委会二十五次会议上通过，并自2002年9月1日起施行，标志着我国的人口与计划生育工作走上了依法管理的轨道。我国宪法第二十五条规定，国家推行计划生育，使人口的增长同经济和社会发展计划相适应。我国宪法第四十九条规定，夫妻双方有实行计划生育的义务。我国婚姻法则将计划生育作为一个基本原则确立在总则之中。

计划生育主要内容及目的是：提倡晚婚、晚育，少生、优生，从而有计划地控制人口。我国人口与计划生育法规定：国家提倡一对夫妻生育两个子女。符合法律、法规规定生育子女的夫妻，可以获得延长生育假的奖励或者其他福利待遇。公民实行计划生育手术，享受国家规定的休假；地方人民政府可以给予奖励。在国家提倡一对夫妻生育一个子女

期间，自愿终身只生育一个子女的夫妻，国家发给《独生子女父母光荣证》。获得《独生子女父母光荣证》的夫妻，按照国家和省、自治区、直辖市有关规定享受独生子女父母奖励。在国家提倡一对夫妻生育一个子女期间，按照规定应当享受计划生育家庭老年人奖励扶助的，继续享受相关奖励扶助。

🔍以案释法⑭

夫妻双方都有计划生育的义务

【案情介绍】高某是某工厂技术员，2000年与某学校老师钟某恋爱结婚。2001年11月，钟某生下一子。由于难产，钟某的身体变得很差。后来，在体检时，医生说钟某的身体状况已不适合节育，建议其丈夫做节育手术。高某一听火冒三丈，认为节育历来都是妇女的事情，哪有男子汉做节育手术的，故坚决不做。无奈之下，钟某来到妇联请求帮助。高某有没有承担计划生育的义务？

【以案释法】高某有承担计划生育的义务。婚姻法第十六条规定，夫妻双方都有实行计划生育的义务。对于此规定，有以下几点须注意：（1）计划生育是夫妻的

一项法定义务，违背有关计划生育的规定，要承担一定的法律责任；（2）计划生育义务的承担者是夫妻双方，不允许将这项义务片面地推给女方，而使男方免除应尽的责任；（3）公民有依法生育子女的权利，也有不生育的自由。本案中，钟某因身体状况不好，根本不适合做节育手术，因而高某有承担计划生育的义务。

二、社区计划生育工作

社区计划生育工作是社区人口管理中的一项重要内容。社区计划生育工作是在社区党组织的领导下，社区管理机构指导、主持、协调下开展的，采取了从过去的依靠强制性行政手段为主的管理模式转向"三为主"（即计划生育工作要以宣传教育为主、避孕为主、经常工作为主）的工作机制。

社区人口与计划生育工作的职责有：

（1）贯彻执行人口与计划生育法及区下发的规范性文件，结合本社区实际制定区规民约并组织实施。

（2）编制本社区中、长期人口规划及年度人口计划，按时做好人口数量的统计、分析、汇总和上报，跟踪人口计划的完成情况。

（3）认真贯彻"三不变"，坚持一把手亲自抓、负总责，根据区计生局下达的考核指标制定本社区的工作计划、考核办法。

（4）建立宣传、服务阵地，建立人口学校、计划生育生殖保健服务站及配套设施。

（5）倡导知情选择避孕措施，组织"三情"检测，与育龄妇女签订计划生育公约，发放、查验流动人口计划生育证明。

（6）准确地将育龄妇女信息录入系统，及时将育龄妇女的"三优五期"服务信息输出并提供给社区实施服务，再将服务后的信息变更情况准确输入系统。

（7）调查、核实多孩审批件的真实有效性，并做好报区审批的服务工作，把好病残儿、并发症鉴定初审关，并组织当事人参加鉴定。

（8）负责避孕药具的管理、发放与零售，建立健康档案。

（9）接待及处理辖区内计划生育的来信来访；及时发现计划外孕情并妥善处理，协调相关部门做好动员工作。

（10）对辖区内的驻街单位实行属地化管理。落实法人代表负责制，签订计划生育责任书，定期指导、检查、考核企事业单位的计划生育工作情况。

第五节　社区特殊群体权益保护

社区内特殊群体主要是指需要关怀和照顾的未成年人、妇女、老年人和残疾人，包括优抚对象、残疾人、精神病人、失足青年等。社区内特殊群体由于自身的身体、精神、经历等特殊原因，相对于普通人来说更加需要我们的关心和爱护，是社区中的弱势群体。

一、未成年人权益保护

未成年人是指未满十八周岁的公民。他们是国家的未来和希望。未成年人是身心发育尚未成熟的特殊群体，所以需要法律和社会给予特殊保护和关爱。关心未成年人的成长、保障未成年人的权利是社会共同的责任。

国家为了保护未成年人的合法权益，特别制定了未成年人保护法，并在其他法律中规定了保护未成年人合法权益的内容。未成年人的合法权利主要有：

1. 生命健康权

未成年人作为社会中的弱势群体和民族的未来，其生命和健康受到法律的特殊保护。禁止对未成年人实施家庭暴力，禁止虐待、遗弃未成年人，禁止溺婴和其他残害婴儿的行为，不得歧视女性未成年人或者有残疾的未成年人。

2. 人身自由权

我国宪法赋予了公民人身自由的权利，任何人不得非法拘禁或者限制他人人身自由。未成年人也享有人身自由的权利，未成年人的父母或者监护人也不得随意限制未成年人的人身自由。

3. 姓名权

姓名权是公民依法享有的决定、使用、变更自己的姓名并要求他人尊重自己姓名的一种人格权利。我国未成年人也是我国的公民，未成年人也享有姓名权，该权利由其监护人代为保护。

4. 受监护权

监护权是监护人对于未成年人和精神病人等无民事行为能力人和限制行为能力人的人身权益、财产权益所享有的监督、保护的身份权。未成年人有权要求父母行使监护权，父母有监护和抚养未成年子女的义务。

5. 休息权

国家保障公民在工作、学习之余，充分享有休息的时间。未成年人处于身体发育阶段，尤其

住手！

需要充足的休息时间。学校应当与未成年学生的父母或者其他监护人互相配合，保证未成年学生的睡眠、娱乐和体育锻炼时间，不得加重其学习负担。

6. 隐私权

我国公民都享有隐私权，未成年人也不例外。任何组织或者个人不得披露未成年人的个人隐私。

7. 财产权

我国法律保护公民的财产权，我国民法通则有公民的民事权利始于出生、终于死亡的规定。未成年人也是我国公民，未成年人的财产受法律保护。

8. 继承权

未成年人享有继承权，未成年人的继承权受国家法律保护。由于其不具备民事行为能力或民事行为能力受到限制，无民事行为能力人的继承权、受遗赠权，由他的法定代理人代为行使。限制民事行为能力人的继承权、受遗赠权，由他的法定代理人代为行使，或者征得法定代理人同意后行使。

9. 受教育权

我国宪法明文规定了我国公民享有受教育的权利，受教育不仅是公民的权利，也是公民的义务。为了保护未成年人的受教育权，国家特别制定了九年义务教育制度。

🔍 以案释法 ⓯

继父母也有监护、管教和预防未成年子女犯罪的职责

继父母与亲生父母一样负有监护、管教和预防未成年子女犯罪的职责

【案情介绍】王某明在上小学的时候，他的父母离婚了，法院判决王某明由其父亲王某抚养。之后，王某明的父母各自成立了新的家庭。王某明家的生活并不富裕，父亲王某常年忙于工作，王某明只能由继母张某抚养。由于家庭原因，王某明的学习成绩一直不好，而且他多次违反校纪校规，经常被老师批评，是个典型的"问题学生"。老师多次联系王某明的继母张某，想和她就王某明的情况沟通一下。但是张某觉得，王某明不是自己的亲生儿子，只要照顾好他的生活，其他的没有必要多管，所以总是以自己工作忙为由避而不见。王某明对学习越来越厌烦，经常逃课去游戏厅，继母给的零花钱也渐渐不够用了。在游戏厅里，王某明慢慢接触到了一些社会上的小混混，经常和他们混在一起。后来因为王某明和小混混没钱付给网吧上网的费用，而与网吧的营业员大打出手。王某明被当地的

派出所拘留。接到派出所的电话，张某才知道王某明这段时间一直逃课玩游戏，并且还和网吧营业员打架。警察对张某做了思想教育工作：继父母与亲生父母一样负有监护、管教和预防未成年子女犯罪的职责。

【以案释法】未成年人正处于成长时期，亟需父母的关心照顾和家庭的温暖。父母能否尽职尽责地抚养教育孩子，直接关系到未成年人能否健康地成长。未成年人的生理和心理都不成熟，容易冲动，不能很好地把握自己的行为，不能对事物作出非常准确或者非常理性的判断。父母的放任和纵容，极易导致未成年人走上违法犯罪的道路。根据预防未成年人犯罪法第二十二条规定，继父母、养父母对受其抚养教育的未成年继子女、养子女，应当履行该法规定的父母对未成年子女在预防犯罪方面的职责。

二、妇女权益保护

随着时代的进步，女性和男性的地位趋于平等，歧视女性的现象不断减少。但是，女性相对于男性仍然处于弱势地位，女性受到不公平对待的情况仍时有发生。为消除对妇女的歧视、争取性别平等，联合国在1979年12月18日的大会上通过《消除对妇女一切形式歧视公约》，并于1981年9月起生效。该公约确立规则，保障妇女在政治、法律、工作、教育、医疗服务、商业活动和家庭关系等各方面的权利。

妇女在政治、经济、文化、社会和家庭生活等方面享有与男子平等的权利。国家全力保护妇女依法享有的特殊权益，禁止歧视、虐待、残害妇女。国家鼓励妇女自尊、自信、自立、自强，运用法律维护自身合法权益。我国妇女享有的权利有：

1. 政治权利

国家保障妇女享有与男子平等的政治权利。妇女有权通过合法途径和形式管理国家事务，管理经济和文化事业，管理社会事务。妇女享有与男子平等的选举权和被选举权。

2. 财产权

国家保障妇女享有与男子平等的财产权利。在婚姻、家庭共有财产关系中，不得侵害妇女依法享有的权益。妇女享有的与男子平等的财产继承权受法律保护。

3. 劳动权

国家保障妇女享有与男子平等的劳动权利。各单位在录用职工时，除不适合妇女的工种或者岗位外，不得以性别为由拒绝录用妇女或者提高对妇女的录用标准。

禁止招收未满十六周岁的女工。实行男女同工同酬。

4. 文化教育权

国家保障妇女享有与男子平等的文化教育权利。学校和有关部门应当执行国家有关规定，保障妇女在入学、升学、毕业分配、授予学位、派出留学等方面享有与男子平等的权利。各级人民政府和有关部门应当采取措施，组织妇女接受职业教育和技术培训。

5. 人身权

国家保障妇女享有与男子平等的人身权利，妇女的人身自由不受侵犯。

6. 婚姻家庭权

国家保障妇女享有与男子平等的婚姻家庭权利。国家保护妇女的婚姻自主权，禁止干涉妇女的结婚、离婚自由。父母双方对未成年的子女享有平等的监护权。妇女有按照国家有关规定生育子女的权利，也有不生育的自由。

三、老年人权益保护

老年人是指六十周岁以上的公民。近年来，我国人口老龄化加速，老年人占全国总人口的比重不断攀升。由于人口老龄化加速引起了很多社会性的问题。

尊老敬老、孝顺父母是我们中华民族的传统美德，父母为了子女的生活和成长费尽了一生的心血，当他们日渐老去时，尤其需要子女的关心和爱护。但是在物质日益丰富的现在，反而有很多子女将年迈的父母弃之不顾，这种行为理应受到全社会的谴责，老年人应当拿起法律武器维护自己的合法权益。老年人享有的合法权益主要有：

1. 政治权利

参与国家政治生活是宪法赋予包括老年人在内的所有公民的权利。

2. 人身自由权

老年人是社会的弱者，人身自由更容易受到侵害，其人身自由权更应当受到法律的保护。禁止歧视、侮辱、虐待或者遗弃老年人。

3. 财产所有权

财产所有权是指所有人依法对自己的财产、享有占有、使用、收益和处分的权利。老年人有权依法处分个人的财产，子女或者其他亲属不得干涉，不得强行索取老年人的财物。

4. 受赡养扶助权

老年人享有受赡养扶助的权利，赡养人应当履行对老年人经济上供养、生活上照料和精神上慰藉的义务，照顾老年人的特殊需要。

5. 婚姻自由权

婚姻自由是宪法赋予公民的一项基本权利，老年人有权按照法律规定，自主自愿决定自己的婚姻问题。

6. 继承权

老年人有取得被继承人遗产的权利，有依法继承父母、配偶、子女或者其他亲属遗产的权利，有接受赠予的权利。

7. 文化教育权

老年人有进行科学研究、文学艺术创作和其他文化活动的自由，有继续受教育的权利，国家发展老年教育，鼓励社会办好各类老年学校，开展适合老年人的群众性文化、体育、娱乐活动，丰富老年人的文化活动。

8. 享受社会保障和接受社会物质帮助的权利

根据国家的有关规定，享受养老保险的老人有权按时足额领取养老金，并享受医疗保险待遇；农村孤寡老人可以享受"五保"供养；生活特别困难的老人可以享受民政部门发放的最低生活保障或困难救济等。

四、残疾人权益保护

残疾人是指在心理、生理、人体结构上，某种组织、功能丧失或者不正常，全部或者部分丧失以正常方式从事某种活动能力的人。为了维护残疾人的合法权益，发展残疾人事业，保障残疾人平等地充分参与社会生活，共享社会物质文化成果，国家制定了残疾人保障法。这部法律对残疾人参加社会生活各领域的活动都作出了具体规定，下面我们简单了解一下我国残疾人享有的权利和社会保障：

1. 接受康复服务的权利

各级人民政府和有关部门应当采取措施，为残疾人康复创造条件，建立和完善残疾人康复服务体系，并分阶段实施重点康复项目，帮助残疾人恢复或者补偿功能，增强其参与社会生活的能力。

2. 接受教育的权利

各级人民政府应当将残疾人教育作为国家教育事业的组成部分，统一规划，加强领导，为残疾人接受教育创造条件。政府、社会、学校应当采取有效措施，解决残疾儿童、少年就学存在的实际困难，帮助其完成义务教育。

3. 保障残疾人劳动就业

政府和社会举办残疾人福利企业、盲人按摩机构和其他福利性单位，集中安排残疾人就业。

4. 保障残疾人的文化生活

各级人民政府和有关部门鼓励、帮助残疾人参加各种文化、体育、娱乐活动，积极创造条件，丰富残疾人精神文化生活。

5. 完善残疾人社会保障

政府和社会采取措施，完善对残疾人的社会保障，保障和改善残疾人的生活。

逐步完善无障碍设施，推进信息交流无障碍，为残疾人平等参与社会生活创造无障碍环境。

思考题

1. 结婚的条件有哪些？
2. 我国法律关于法定继承的范围和顺序有哪些规定？
3. 妇女享有的权利主要有哪些？

第七章　社区与劳动就业

本 章 要 点

★学习劳动法的主要内容、劳动争议的分类、处理和解决方式及程序，掌握劳动合同的种类、条款内容、效力，了解社会保险基本制度的主要内容。

第一节　劳动法概述

一、工作时间和休息休假

（一）工作时间

工作时间又称劳动时间，是指法律规定的劳动者在一昼夜和一周内从事劳动的时间。包括每天工作的小时数，每周工作的天数和小时数。工作时间的种类有：

1. 标准工作时间

标准工作时间是指法律规定的在一般情况下普遍适用的，按照正常作息办法安排的工作日和工作周的工作制度。我国标准工时为劳动者每天工作不超过8小时，每周工作不超过44小时，用人单位应当保证劳动者每周至少休息1天。

2. 缩短工作时间

缩短工作时间是指法律规定的在特殊情况下劳动者的工作时间长度少于标准工作时间的工作制度，即每天工作少于8小时。缩短工作日适用于：（1）从事矿山井下、高山、有毒有害、特别繁重或过度紧张等作业的劳动者；（2）从事夜班工作的劳动者；（3）哺乳期内的女职工。

3. 延长工作时间

延长工作时间是指超过标准工作日的工作时间，即日工作时间超过8小时，每周工作时间超过44小时。

4. 不定时工作时间和综合计算工作时间

不定时工作时间是指无固定工作时数限制的工时制度，适用于工作性质和职责范围不受固定工作时间限制的劳动者，以及其他因生产特点、工作特殊需要或职责范围的关系，适合实行不定时工作制的职工等。综合计算工作时间是指以一定时间为周期，集中安排并综合计算工作时间和休息时间的工时制度，即分别以周、月、季、年为周期综合计算工作时间，但其平均工作时间和平均周工作时间应与法定标准工作时间基本相同。

（二）休息休假

休息休假是指劳动者为行使休息权，在国家规定的法定工作时间以外，不从事生产或工作而自行支配的时间。

1. 休息时间的种类

（1）工作日内的间歇时间。它是指在工作日内给予劳动者休息和用餐的时间。一般为1~2小时，最少不得少于半小时。

（2）工作日间的休息时间。即两个临近工作日之间的休息时间。一般不少于16小时。

（3）公休假日。又称周休息日，是劳动者在一周（7天）内享有的休息日，公休假日一般为每周2日，一般安排在周六和周日休息。

2. 休假的种类

（1）法定节假日。它是指法律规定用于开展纪念、庆祝活动的休息时间。我国相关法律规定的法定节假日有：元旦（1月1日放假1天）、春节（农历除夕、正月初一、初二放假3天）、劳动节（5月1日放假1天）、国庆节（10月1日、2日、3日放假3天）、清明节（放假1天）、端午节（放假1天）和中秋节（放假1天），法律法规规定的其他休假节日。

（2）探亲假。它是指劳动者享有保留工资、工作岗位而同分居两地的父母或配偶团聚的假期。探亲假适用于在国家机关、人民团体、全民所有制企业、事业单位工作满1年的固定职工。

（3）年休假。它是指职工工作满一定年限，每年可享有带薪连续休息的时间。机关、团体、企业、事业单位、民办非企业单位、有雇工的个体工商户等单位的职工连续工作1年以上的，享受带薪年休假（以下简称年休假）。单位应当保证职工享受年休假。职工在年休假期间享受与正常工作期间相同的工资收入。职工累计工作已满1年不满10年的，年休假5天；已满10年不满20年的，年休假10天；已满20年的，年休假15天。国家法定休假日、休息日不计入年休假的假期。

（三）加班加点的主要法律规定

加班是指劳动者在法定节日或公休假日从事生产或工作。加点是指劳动者在标准工作日以外延长工作的时间。加班加点又统称为延长工作时间。为保证劳动者休息权的实现，劳动法规定任何单位和个人不得擅自延长职工工作时间。

1. 一般情况下加班加点的规定

我国劳动法第四十一条规定，用人单位由于生产经营需要，经与工会和劳动者协商后可以延长工作时间，一般每日不超过1小时；因特殊原因需要延长工作时间的，在保障劳动者身体健康的条件下延长工作时间每日不超过3小时，但是每月不得超过36小时。

2. 特殊情况下的加班加点规定

劳动法第四十二条规定，有下列情形之一的，延长工作时间不受该法第四十一条规定的限制：（1）发生自然灾害、事故或者因其他原因，威胁劳动者生命健康和财产安全，需要紧急处理的；（2）生产设备、交通运输线路、公共设施发生故障，影响生产和公众利益，必须及时抢修的；（3）法律、行政法规规定的其他情形。

3. 加班加点的工资标准

用人单位应当按照下列标准支付高于劳动者正常工作时间工资的工资报酬：（1）安排劳动者延长工作时间的，支付不低于工资的150%的工资报酬；（2）休息日安排劳动者工作又不能安排补休的，支付不低于工资的200%的工资报酬；（3）法定休假日安排劳动者工作的，支付不低于工资的300%的工资报酬。

二、工资制度

（一）工资的概念和形式

工资是指用人单位依据国家有关规定和集体合同、劳动合同约定的标准，根据劳动者提供劳动的数量和质量，以货币形式支付给劳动者的劳动报酬。

我国工资的主要形式有：（1）计时工资；（2）计件工资；（3）奖金；（4）津贴；（5）补贴；（6）特殊情况下的工资。

（二）最低工资保障

最低工资保障制度是国家通过立法，强制规定用人单位支付给劳动者的工资不得低于国家规定的最低工资标准，以保障劳动者能够满足其自身及其家庭成员基本生活需要的法律制度。最低工资是指劳动者在法定工作时间内提供了正常劳动的前提下，其所在用人单位应支付的最低劳动报酬。

最低工资不包括下列各项：（1）加班加点工资；（2）中班、夜班、高温、低温、井下、有毒有害等特殊工作环境条件下的津贴；（3）国家法律、法规和政策规定的劳动者保险、福利待遇；（4）用人单位通过贴补伙食、住房等支付给劳动者的非货币性收入。

三、女职工和未成年工的特殊劳动保护

（一）女职工的特殊劳动保护

女职工特殊劳动保护是指根据女职工生理特点和抚育子女的需要，对其在劳动过程中的安全健康所采取的有别于男子的特殊保护。

法律规定禁止安排女职工从事劳动的情况有：

（1）矿山井下作业、国家规定的第四级体力劳动强度的劳动和其他禁忌从事的劳动；（2）女职工在经期从事高处、低温、冷水作业和国家规定的第三级体力劳动强度的劳动；（3）女职工在怀孕期间从事国家规定的第三级体力劳动强度的劳动和孕期禁忌从事的劳动；（4）对怀孕7个月以上的女职工，不得安排其延长工作时间和夜班劳动；（5）女职工生育享受不少于98天的产假；（6）不得安排女职工在哺乳未满1周岁的婴儿期间从事国家规定的第三级体力劳动强度的劳动和哺乳期禁忌从事的其他劳动，不得安排其延长工作时间和夜班劳动。

（二）未成年工的特殊保护

未成年工是指年满16周岁未满18周岁的劳动者。对未成年工特殊劳动保护的措施主要有：（1）未成年工上岗，用人单位应对其进行有关的职业安全卫生教育、培训；（2）禁止安排未成年工从事有害健康的工作，用人单位不得安排未成年工从事矿山井下、有毒有害、国家规定的第四级体力劳动强度和其他禁忌从事的劳动；（3）提供适合未成年工身体发育的生产工具等；（4）对未成年工定期进行健康检查。

四、劳动争议的分类

按照劳动争议当事人人数多少的不同，可分为个人劳动争议和集体劳动争议。

按照劳动争议的内容，可分为：（1）因确认劳动关系发生的争议；（2）因订立、履行、变更、解除和终止劳动合同发生的争议；（3）因除名、辞退和辞职、离职发生的争议；（4）因工作时间、休息休假、社会保险、福利、培训以及劳动保护发生的争议；（5）因劳动报酬、工伤医疗费、经济补偿或者赔偿金等发生的争议；（6）法律、法规规定的其他劳动争议。

按照当事人国籍的不同，可分为国内劳动争议与涉外劳动争议。

五、劳动争议的处理机构、解决方式及程序

（一）劳动争议的处理机构

（1）劳动争议调解委员会是依法成立的调解本单位发生的劳动争议的群众性组织。

（2）劳动争议仲裁委员会是国家授权、依法独立地对劳动争议案件进行仲裁的专门机构。

（3）人民法院是审理劳动争议案件的司法机构。

（二）劳动争议的解决方式及程序

我国劳动争议的解决方式主要有协商、调解、仲裁和诉讼。发生劳动争议，当

事人不愿协商、协商不成或者达成和解协议后不履行的，可以向调解组织申请调解；不愿调解、调解不成或者达成调解协议后不履行的，可以向劳动争议仲裁委员会申请仲裁；对仲裁裁决不服的，除法律另有规定外，可以向人民法院提起诉讼。

第二节　劳动合同

一、劳动合同的种类

劳动合同分为固定期限劳动合同、无固定期限劳动合同和以完成一定工作任务为期限的劳动合同。

固定期限劳动合同是指用人单位与劳动者约定合同终止时间的劳动合同。固定期限劳动合同的期限届满，双方无续订劳动合同的意思表示，劳动合同即告终止，劳动关系消灭。

无固定期限劳动合同是指用人单位与劳动者约定无确定终止时间的劳动合同。在不出现法律、法规规定的或当事人约定的变更、解除劳动合同的条件或法定终止情形时，无固定期限劳动合同可持续至劳动者法定退休年龄为止，但无固定期限劳动合同并不是"铁饭碗"。

以完成一定工作任务为期限的劳动合同是指用人单位与劳动者约定以某项工作任务的完成时间为合同期限的劳动合同。当该项工作完成后，劳动合同即告终止。

二、劳动合同的订立

（一）劳动合同应采用书面形式订立

我国劳动合同法第十条规定，建立劳动关系，应当订立书面劳动合同。除非全日制用工双方当事人可以口头订立劳动合同外，用人单位与劳动者建立劳动关系，均应订立书面劳动合同；已建立劳动关系，未同时订立书面劳动合同的，应当自用工之日起1个月内订立书面劳动合同。用人单位与劳动者在用工前订立劳动合同的，劳动关系自用工之日起建立。

（二）劳动合同的条款

1.必备条款

必备条款包括：（1）用人单位的名称、住所和法定代表人或者主要负责人；（2）劳动者的姓名、住址和居民身份证或者其他有效身份证件号码；（3）劳动合同期限；（4）工作内容和工作地点；（5）工作时间和休息休假；（6）劳动报酬；

（7）社会保险；（8）劳动保护、劳动条件和职业危害防护；（9）法律、法规规定应当纳入劳动合同的其他事项。

2.可备条款

可备条款是劳动合同的约定条款。虽然约定条款由双方当事人决定，但国家对约定条款的内容有强制性、禁止性规定的，仍应当遵守，约定条款不可违反法律法规的规定。

可备条款包括：（1）试用期条款；（2）保守商业秘密和与知识产权相关的保密事项条款；（3）竞业限制条款；（4）服务期限协议；（5）违约金条款。

以案释法 ⑯

试用期工资不低于正常工资的80%

【案情介绍】冯某大学毕业后就加入了找工作的大军，由于欠缺工作经验，冯某被很多单位婉拒。两个月下来，冯某的工作还是没有着落。这天，冯某突然接到一个电话，通知他去面试。冯某很高兴，面试也顺利通过，对方通知他第二天就可以上班。

到公司后，公司提出签订两年的劳动合同，试用期为三个月，待遇为每月1000元，试用期过后月薪为3000元。冯某觉得虽然试用期工资低点，但试用期过后能拿到月薪3000元，对一个应届毕业生已经相当不错了，于是就同意了。

没想到，冯某干满三个月，却被公司以"不能胜任工作"辞退了。冯某觉得自己可能受骗了，就找来大学时代的好友刘某咨询。刘某是法律专业的高材生，他告诉冯某：根据劳动合同法规定，试用期工资不能低于正常工资的80%，如果是两年的劳动合同，试用期不能超过两个月。

冯某觉得自己的合法权益受到了损害，于是申请了劳动仲裁。劳动仲裁委员会经审理认为：公司和冯某之间存在劳动关系，公司关于试用期及其工资的约定违反了劳动合同法的有关规定，公司应再支付给冯某4800元工资。

【以案释法】现实中，经常有企业借试用期用工来雇佣"廉价劳动力"，试用期满，便以各种借口解雇劳动者。这在很大程度上损害了劳动者的合法权益，不利于劳动关系的稳定。劳动合同法对员工的试用期作了规定，包括两方面的内容：一是按照劳动合同期限来确定试用期限，二是规定了试用期工资不能低于正常工资的80%。

本案中，冯某与公司订立的是两年劳动合同，按照劳动合同法第十九条的规定，试用期最多两个月，因此第三个月小冯已正式入职，应按正常工资月薪3000元支付；由于试用期工资不能低于正常工资的80%，所以小冯试用期最低为2400元。因此，单位共拖欠小冯工资4800元。

三、劳动合同的效力

劳动合同由用人单位与劳动者协商一致，并经用人单位与劳动者在劳动合同文本上签字或者盖章生效。劳动合同的无效是指当事人违反法律、法规，订立的不具有法律效力的劳动合同。劳动合同无效的情形有：（1）以欺诈、胁迫的手段或者乘人之危，使对方在违背真实意思的情况下订立或者变更劳动合同的；（2）用人单位免除自己的法定责任、排除劳动者权利的；（3）违反法律、行政法规强制性规定的。

对劳动合同的无效或者部分无效有争议的，由劳动争议仲裁机构或者人民法院确认。

劳动合同无效的法律后果有：（1）停止履行；（2）支付劳动报酬、经济补偿、赔偿金；（3）修正劳动合同；（4）赔偿损失。

四、劳动合同的履行、变更

（一）劳动合同的履行

用人单位应当按照劳动合同约定和国家规定，向劳动者及时足额支付劳动报酬，不得强迫或者变相强迫劳动者加班。用人单位安排加班的，应当按照国家有关规定向劳动者支付加班费。劳动者拒绝用人单位管理人员违章指挥、强令冒险作业的，不视为违反劳动合同。

用人单位变更名称、法定代表人、主要负责人或者投资人等事项，不影响劳动合同的履行。用人单位发生合并或者分立等情况，原劳动合同继续有效，劳动合同由承继其权利和义务的用人单位继续履行。

（二）劳动合同的变更

用人单位与劳动者协商一致，可以变更劳动合同约定的内容。变更劳动合同，仍然应当采用书面形式。变更后的劳动合同文本由用人单位和劳动者各执一份。

五、劳动合同的解除、终止及用人单位的经济补偿

（一）劳动合同的解除

劳动合同的解除是指劳动合同当事人在劳动合同期限届满之前依法提前终止劳动合同关系的法律行为。劳动合同的解除可分为以下情况：

1. 用人单位与劳动者协商一致解除劳动合同

2. 用人单位单方解除劳动合同

（1）过错性解除。其情形有：①在试用期间被证明不符合录用条件的；②严重违反用人单位的规章制度的；③严重失职，营私舞弊，给用人单位造成重大损害的；

④劳动者同时与其他用人单位建立劳动关系，对完成本单位的工作任务造成严重影响，或者经用人单位提出，拒不改正的；⑤因以欺诈、胁迫的手段或者乘人之危，使对方在违背真实意思的情况下订立或者变更劳动合同的情形致使劳动合同无效的；⑥被依法追究刑事责任的。

（2）非过错性解除。有下列情形之一的，用人单位提前30日以书面形式通知劳动者本人或者额外支付劳动者1个月工资后，可以解除劳动合同：①劳动者患病或者非因工负伤，在规定的医疗期满后不能从事原工作，也不能从事由用人单位另行安排的工作的；②劳动者不能胜任工作，经过培训或者调整工作岗位，仍不能胜任工作的；③劳动合同订立时所依据的客观情况发生重大变化，致使劳动合同无法履行，经用人单位与劳动者协商，未能就变更劳动合同内容达成协议的。

哎，我被解雇了，老板说我不适合做快递员。

（3）裁员。有下列情形之一，需要裁减人员20人以上或者裁减不足20人但占企业职工总数10%以上的，用人单位提前30日向工会或者全体职工说明情况，听取工会或者职工的意见后，裁减人员方案经向劳动行政部门报告，可以裁减人员：①依照企业破产法规定进行重整的；②生产经营发生严重困难的；③企业转产、重大技术革新或者经营方式调整，经变更劳动合同后，仍需裁减人员的；④其他因劳动合同订立时所依据的客观经济情况发生重大变化，致使劳动合同无法履行的。

3.劳动者单方解除劳动合同

（1）预告解除。劳动者提前30日以书面形式通知用人单位，可以解除劳动合同。劳动者在试用期内提前3日通知用人单位，可以解除劳动合同。

（2）用人单位有违法、违约情形，劳动者有权单方解除劳动合同。这类情况有：①未按照劳动合同约定提供劳动保护或者劳动条件的；②未及时足额支付劳动报酬的；③未依法为劳动者缴纳社会保险费的；④用人单位的规章制度违反法律、法规的规定，损害劳动者权益的；⑤因用人单位以欺诈、胁迫的手段或者乘人之危，使劳动者在违背真实意思的情况下订立或者变更劳动合同而致使劳动合同无效的；⑥法律、行政法规规定劳动者可以解除劳动合同的其他情形。

（3）立即解除劳动合同。用人单位以暴力、威胁或者非法限制人身自由的手段强迫劳动者劳动的，或者用人单位违章指挥、强令冒险作业危及劳动者人身安全的，劳动者可以立即解除劳动合同，不需事先告知用人单位。

（二）劳动合同的终止

劳动合同的终止是指符合法律规定情形时，双方当事人的权利义务不复存在，劳动合同的效力即行消灭。

1. 劳动合同终止的情形

有下列情况的，劳动合同终止：（1）劳动合同期满的；（2）劳动者开始依法享受基本养老保险待遇的；（3）劳动者死亡，或者被人民法院宣告死亡或者宣告失踪的；（4）用人单位被依法宣告破产的；（5）用人单位被吊销营业执照、责令关闭、撤销或者用人单位决定提前解散的；（6）法律、行政法规规定的其他情形。

2. 劳动合同不得终止的情形

劳动合同法对某些劳动者特殊保护，劳动合同到期也不得终止，应当延续至相应的情形消失时终止的情况有：（1）从事接触职业病危害作业的劳动者未进行离岗前职业健康检查，或者疑似职业病病人在诊断或者医学观察期间的；（2）患病或者非因工负伤，在规定的医疗期内的；（3）女职工在孕期、产期、哺乳期的；（4）在本单位连续工作满15年，且距法定退休年龄不足5年的；（5）法律、行政法规规定的其他情形。

在本单位患职业病或者因公负伤并被确认丧失或者部分丧失劳动能力的劳动者的劳动合同的终止，按照国家有关工伤保险的规定执行。

（三）用人单位的经济补偿

1. 补偿标准

经济补偿按劳动者在本单位工作的年限，每满1年支付1个月工资的标准向劳动者支付。6个月以上不满1年的，按1年计算；不满6个月的，向劳动者支付半个月工资的经济补偿。

月工资是劳动者在劳动合同解除或者终止前12个月的平均工资。劳动者月工资高于用人单位所在直辖市、设区的市级人民政府公布的本地区上年度职工月平均工资3倍的，向其支付经济补偿的标准按职工月平均工资3倍的数额支付，向其支付经济补偿的年限最高不超过12年。劳动者在劳动合同解除或者终止前12个月的平均工资低于当地最低工资标准的，按照当地最低工资标准计算。

2. 用人单位经济补偿金的支付

用人单位应当支付经济补偿金的法定情形有：（1）用人单位未按照劳动合同约

定提供劳动保护或者劳动条件，劳动者解除劳动合同的；（2）用人单位未及时足额支付劳动报酬，劳动者解除劳动合同的；（3）用人单位低于当地最低工资标准支付劳动者工资，劳动者解除劳动合同的；（4）用人单位未依法为劳动者缴纳社会保险费，劳动者解除劳动合同的；（5）用人单位的规章制度违反法律、法规的规定，损害劳动者权益，劳动者解除劳动合同的；（6）用人单位免除自己的法定责任、排除劳动者权利，致使劳动合同无效，劳动者解除劳动合同的；（7）用人单位以欺诈、胁迫的手段或者乘人之危，使劳动者在违背真实意思的情况下订立或者变更劳动合同，劳动者解除劳动合同的；（8）用人单位以暴力、威胁或者非法限制人身自由的手段强迫劳动，劳动者解除劳动合同的；（9）用人单位违章指挥、强令冒险作业危及劳动者人身安全，劳动者解除劳动合同的；（10）用人单位提出协商解除劳动合同，并与劳动者协商一致而解除劳动合同的；（11）劳动者患病或者非因工负伤，在规定的医疗期满后不能从事原工作，也不能从事由用人单位另行安排的工作，用人单位提前30日通知劳动者或者额外支付劳动者1个月工资后解除劳动合同的；（12）劳动者不能胜任工作，经过培训或者调整工作岗位，仍不能胜任工作，用人单位提前30日通知劳动者或者额外支付劳动者1个月工资后解除劳动合同的；（13）劳动合同订立时所依据的客观情况发生重大变化，致使劳动合同无法履行，经用人单位与劳动者协商，未能就变更劳动合同内容达成协议，用人单位提前30日通知劳动者或者额外支付劳动者1个月工资后解除劳动合同的；（14）用人单位依照企业破产法规定进行重整，依法裁减人员的；（15）用人单位生产经营发生严重困难，依法裁减人员的；（16）企业转产、重大技术革新或者经营方式调整，经变更劳动合同后，仍需裁减人员，用人单位依法定程序裁减人员的；（17）其他因劳动合同订立时所依据的客观经济情况发生重大变化，致使劳动合同无法履行，用人单位依法定程序裁减人员的；（18）劳动合同期满，劳动者同意续订劳动合同而用人单位不同意续订劳动合同，由用人单位终止固定期限劳动合同的；（19）因用人单位被依法宣告破产而终止劳动合同的；（20）因用人单位被吊销营业执照、责令关闭、撤销或者用人单位决定提前解散而终止劳动合同的；（21）以完成一定工作任务为期限的劳动合同因任务完成而终止的；（22）法律、行政法规规定的其他情形。

第三节　社会保险

一、社会保险概述

社会保险是一种为丧失劳动能力、暂时失去劳动岗位或因健康原因造成损失的人口提供收入或补偿的一种社会和经济制度。社会保险计划由政府举办，强制某一群体将其收入的一部分作为社会保险税（费）形成社会保险基金，在满足一定条件的情况下，被保险人可从基金获得固定的收入或损失的补偿，它是一种再分配制度，它的目标是保证物质及劳动力的再生产和社会的稳定。目前我国社会保险制度主要包括：养老保险、医疗保险、失业保险、工伤保险、生育保险。

二、我国社会保险法的立法情况和宗旨

2010年10月28日，十一届全国人大常委会十七次会议表决通过了社会保险法，并于2011年7月1日起施行。社会保险法历时三年时间，共审议四次。它的出台，标志着我国有了第一部综合性的社会保险基本法。

社会保险法是关系国计民生的重要法律，制定社会保险法，对于规范社会保险关系，保障全体公民共享发展成果，维护社会和谐稳定，具有十分重要的意义。

三、社会保险的基本制度

目前，我国规定了五种基本的社会保险制度：基本养老保险制度；基本医疗保险制度；工伤保险制度；失业保险制度；生育保险制度。

（一）基本养老保险制度

基本养老保险制度，是指缴费达到法定期限，当个人达到法定退休年龄时，可以通过领取养老金保证老年生活，实现"老有所养"的社会保险制度。企业职工是基本养老保险的主要参保对象。此外，还有大量的灵活就业人员。

享受养老保险待遇的条件为：累计缴费满15年，达到法定退休年龄。个人跨统筹地区就业的，其基本养老保险关系随本人转移，缴费年限累计计算。

（二）基本医疗保险制度

基本医疗保险制度，是指按照国家规定缴纳一定比例的医疗保险费，在参保人生病或发生意外伤害需要支付医疗费时，由医疗保险基金支付其医疗保险待遇的社会保险制度。

社会保险法规定了四种不纳入基本医疗保险基金支付范围的情形：

（1）应当从工伤保险基金中支付的。职工因工负伤，需要住院治疗，其费用一般由工伤保险基金支付，与基本医疗保险基金没有关系。

（2）应当由第三人负担的。这主要指第三人侵权，导致人身受到伤害而产生的医疗费用。这部分费用通常由侵权人负担，基本医疗保险基金不予支付。

（3）应当由公共卫生负担的。公共卫生通常由政府免费提供，包括计划免疫、妇幼保健、应急救治、采供血以及传染病、慢性病、地方病的预防控制等内容，不由医疗保险基金支付。

（4）在境外就医的。公民因旅游、商务等活动外出，在国外就医发生的费用，基本医疗保险基金不予支付。这里的"境外"包括港、澳、台地区。

（三）工伤保险制度

工伤保险是指劳动者在工作中或在规定的特殊情况下，遭受意外伤害或患职业病导致暂时或永久丧失劳动能力以及死亡时，劳动者或其遗属从国家和社会获得物质帮助的一种社会保险制度。

1.工伤认定的原则和标准

工伤认定需要依据一定的原则和标准，法律规定了几种不被认定为工伤的情形：（1）故意犯罪；（2）醉酒或者吸毒；（3）自残或追杀；（4）法律、行政法规规定的其他情形。

2.工伤保险支付的情形

因工伤发生的下列费用，从工伤保险基金中支付：（1）治疗工伤的医疗费用和康复费用；（2）住院伙食补助费；（3）到统筹地区以外就医的交通食宿费；（4）安装配置伤残辅助器具所需费用；（5）生活不能自理的，经劳动能力鉴定委员会确认的生活护理费；（6）一次性伤残补助金和一至四级伤残职工按月领取的伤残津贴；（7）终止或者解除劳动合同时，应当享受的一次性医疗补助金；（8）因工死亡的，其遗属领取的丧葬补助金、供养亲属抚恤金和因工死亡补助金；（9）劳动能力鉴定费。

3.用人单位支付的情形

因工伤发生的下列费用，由用人单位支付：（1）治疗工伤期间的工资福利；（2）五级、六级伤残职工按月领取的伤残津贴；（3）终止或者解除劳动合同时，应当享受的一次性伤残就业补助金。

4.停止享受工伤保险待遇的情形

停止享受工伤保险待遇的情况有：（1）丧失享受待遇条件的；（2）拒不接受劳动能力鉴定的；（3）拒绝接受治疗的。

（四）失业保险制度

失业保险是指国家通过立法强制实行的，由社会集中建立基金，对因失业而暂时中断生活来源的劳动者提供物质帮助的制度。失业保险具有普遍性、强制性、互济性的特点。

1.享受失业保险的条件

享受失业保险有以下三个条件：（1）失业前用人单位和本人已经缴纳失业保险费满1年的；（2）必须是非因本人意愿中断就业的；（3）已经进行失业登记，并有求职要求的。

2. 失业保险计算标准

失业人员失业前用人单位和本人累计缴费满1年不足5年的，领取失业保险金的期限最长为12个月；累计缴费满5年不足10年的，领取失业保险金的期限最长为18个月；累计缴费10年以上的，领取失业保险金的期限最长为24个月。重新就业后，再次失业的，缴费时间重新计算，领取失业保险金的期限与前次失业应当领取而尚未领取的失业保险金的期限合并计算，最长不超过24个月。

3. 停止领取失业保险的情形

停止领取失业保险金的情况有：（1）重新就业；（2）应征服兵役；（3）移居境外；（4）享受基本养老保险待遇的；（5）无正当理由，拒不接受当地人民政府指定部门或者机构介绍的适当工作或者提供的培训的。

（五）生育保险制度

生育保险制度，是国家通过立法，在怀孕和分娩的妇女职工暂时中断劳动时，由国家和社会提供医疗服务、生育津贴和产假的一种社会保险制度，国家或社会对生育的职工给予必要的经济补偿和医疗保健的社会保险制度。生育保险待遇包括生育医疗费用和生育津贴。

1. 生育保险的内容

生育医疗费用包括下列各项：（1）生育的医疗费用；（2）计划生育的医疗费用；（3）法律、法规规定的其他项目费用。

2. 享受生育保险的情形

有下列情形之一的，可以享受生育津贴：（1）女职工生育享受产假；（2）享受计划生育手术休假；（3）法律、法规规定的其他情形。

思考题

1. 最低工资不包括哪些内容？

2. 劳动合同的主要条款有哪些？

3. 停止享受工伤保险待遇的情况有哪几种？

第八章　社区治安综合治理

本　章　要　点

★了解社区治安综合治理和社区治安防范的基本内容、违反治安管理行为的种类，学习治安管理处罚的程序。

第一节　社区治安综合治理概述

一、社区与社区治安综合治理

社区是聚居在一定地域范围内的人们所组成的社会生活共同体，是城市社会的基础。社区建设是在党和政府的领导下，依靠社区力量，利用社区资源，强化社区功能，解决社区问题，促进社区政治、经济、文化、环境协调和健康发展，不断提高社区成员生活水平和生活质量的过程。社区安全是社区建设工作的重中之重。

社区治安综合治理是社会治安综合治理的重要组成部分。社会治安综合治理工作，是一项事关社会经济发展与保持社会稳定的基础性工作，党的十六届五中全会把"加强社会治安综合治理"工作置于"推进社会主义和谐社会建设"重要战略位置。因此，围绕构建社会主义和谐社会这一战略目标，全社会都必须高度重视抓好这项工作，把它作为当前和今后一个较长时间内的重要工作来抓紧抓实。

二、社区治安综合治理的主要内容

社区治安防范。坚持人防、物防、技防相结合，全面加强治安防控体系建设，不断加大人、财、物的投入，完善社区治安防范制度，使打击和防范违法犯罪的能力进一步增强。

社区消防管理。消防管理在社区治安综合治理中占有重要地位，要把消防管理作为头等大事来关注。社区中最常见的意外事故就是火灾，给人民群众生命和财产安全带来最大危害的也是火灾。所以，搞好消防工作、做好消防管理是加强社区治安综合治理的重要保证。

　　社区车辆道路管理。社区内的道路是社区物业的重要组成部分，社区内居民基于业主和物业使用人的身份而享有使用社区内道路和停车场的权利。维持社区的道路秩序和对社区车辆进行管理是社区治安综合治理工作的重要组成部分。

　　社区娱乐场所管理。社区娱乐场所主要有网吧、棋牌室、营业性歌厅、舞厅等，这些娱乐场所在丰富社区居民日常生活的同时，长期存在安全隐患，是社区治安综合治理应当重点排查的对象。

三、社区治安防范

　　社区治安防范是社区治安综合治理的重要内容，社区治安防范工作主要分为安全保卫和维持正常的生活、工作秩序两部分，主要内容有：建立健全物业安全保卫组织机构；制定和完善各项基本制度和岗位责任制，主要是保安部内部制度以及业主和物业使用人应遵守的规定；安保人员的配备及其培训；为安保人员配备必要的安防器材，办理人身保险；建立正常的巡视制度；完善物业区域内安全防范设施；在当地公安派出所的指导下搞好治安管理；联系区内群众，搞好群防群治；与周边单位建立联防联保制度。

🔍 以案释法 ⑰

加强治安巡防，共建和谐社区

　　【案情介绍】2009年7月30日，某商场三楼男装区，"站住！""抓小偷啊！"只见前面的人飞快跑下一楼，后面的受害人竭力追赶。正在一楼执勤的社区巡防队员周某立即朝着声音方向跑去。在周某和受害人的共同围堵下，小偷最终在步行街被制服，并被扭送到公安机关。像周某这样的社区巡防队员在该区共有800多人。在他们的共同努力下，2008年，该居民区盗窃案件同比下降40%，公共场所"三包"案同比下降30%，治安案件下降26%。

　　社区巡防工作是该区维护社会稳定的重要力量之一，在人民路、胜利广场等商业繁华区建立科技防控网；13个派出所基本实现了报警、治安监控、信息交流的一体化；组建了800多人的专职社区巡防队伍，吸纳环卫一线职工、小区清洁员、停车场看护员、社区居民等6000多人成为"治安协管志愿者"，形成了上岗时间24小时交替，工作地点覆盖区、街道和社区三级综治协调管理体系。巡防队员和志愿者相互配合，盯防可疑人员、车辆，看护有线电视、电话、电力线路，发现和反映违法犯罪线索，清除野广告、违法宣传标语，及时报告火灾和事故隐情，协助社区解决矛盾纠纷，帮教刑释解教人员，参与社区治安防范等，有效发挥流动哨的震慑力，让违法行为无处藏身，让违法案件没有土壤。

【以案释法】社会治安综合治理的任务是否落实，关键在基层。抓好社区综合治理的组织建设，是落实社会治安综合治理任务和措施的重要保障。社区里的治安巡防，是维护社区治安，强化社区综合治理的重心，同时也是维护社会稳定的重要力量之一。要积极吸纳社区居民进入社区巡防队伍，牢固树立巡防人员的责任心，鼓励他们积极贡献。同时也要积极宣传安全知识，提高社区居民的防范意识。建立全面广泛的综治管理协调体系，力争把治安问题解决在基层。

第二节　治安管理处罚

一、治安管理处罚概述

治安管理处罚是指对扰乱公共秩序，妨害公共安全，侵犯人身权利、财产权利，妨害社会管理，具有社会危害性，尚不够刑事处罚的，由公安机关依据治安管理处罚法给予的行政处罚。

随着我国社会经济的快速发展，社会治安情况有所转变，治安执法观念和模式发生了变化，十届全国人大常委会十七次会议于2005年8月28日通过了治安管理处罚法，该法已于2006年3月1日起施行，治安管理处罚条例同时废止。

二、处罚种类

根据治安管理处罚法第十条的规定，治安管理处罚的种类分为：（1）警告；（2）罚款；（3）行政拘留；（4）吊销公安机关发放的许可证。对于违反治安管理的外国人，可以附加适用限期出境或者驱逐出境。

三、违反治安管理行为的种类

（一）扰乱公共秩序的行为

扰乱公共秩序的行为包括：（1）扰乱公共场所秩序的行为；（2）扰乱大型群众性活动秩序行为；（3）引起社会恐慌的行为；（4）寻衅滋事行为；（5）邪教行为；（6）故意干扰无线电业务行为；（7）危害计算机信息系统的行为。

（二）妨害公共安全的行为

妨害公共安全的行为包括：（1）有关危险物质违规行为；（2）违规携带管制器具的行为；（3）损害国家设施的行为；（4）妨害交通安全的行为；（5）制造安全隐患的行为；（6）安全事故危险行为。

（三）侵犯人身权利、财产权利的行为

侵犯人身权利、财产权利的行为包括：（1）侵害人身自由行为；（2）恐吓侮辱行为；（3）殴打他人的行为；（4）猥亵他人的行为；（5）虐待、遗弃家庭成员的行为；（6）强买强卖行为；（7）煽动民族仇恨、民族歧视的行为；（8）损害他人邮件的行为；（9）侵害公私财物的行为。

（四）妨害社会管理的行为

妨害社会管理的行为包括：（1）妨碍公务的行为；（2）招摇撞骗行为；（3）违反公文管理行为；（4）船舶擅自进入禁区的行为；（5）违反社会团体管理的行为；（6）煽动、策划非法集会的行为；（7）违反旅馆业、出租房管理规定的行为；（8）违反噪声污染防治的行为；（9）违规承接典当物品的行为；（10）妨碍执法的行为；（11）偷越国（边）境的行为；（12）损坏文物、名胜古迹的行为；（13）偷开他人机动交通工具的行为；（14）破坏他人坟墓和乱停放尸体的行为；（15）淫乱行为；（16）赌博行为；（17）违反毒品管理规定的行为；（18）饲养动物扰人行为。

🔍 以案释法 ⑱

故意伤人还是正当防卫

【案情介绍】某日下午，某村村民朱某因砌围墙与邻居谢某某、高某某、徐某某发生争执，在争吵中双方用石头、砖块对砸。朱某被砸伤头部后即回家拿一菜刀返回现场。到现场后朱某并没有使用菜刀，双方仍用石块对砸。但因对方人多，朱某抵挡不住，即跑离现场，另三人紧追不放，并用竹子、木棍、锄头将朱某打成轻微伤。某公安派出所根据双方斗殴的事实，依照治安管理处罚法分别对谢某某、高某某、徐某某以及朱某作出了500元以内不等的罚款决定。但谢某某、高某某、徐某某不服裁决，以打伤朱某的行为属正当防卫为由向法院提起了行政诉讼，要求撤销对其三人的处罚决定。谢某某、高某某、徐某某的诉讼请求能否得到支持？

【以案释法】谢某某、高某某、徐某某的诉讼请求不能得到支持。

为了使国家、公共利益、本人或者他人的人身、财产和其他权利免受正在进行的不法侵害，而采取的制止不法侵害的行为，对不法侵害人造成损害的，属于正当防卫。而本案中"发生争执，在争吵中双方用石头、砖块对砸"和"朱某抵挡不住，即跑离现场，另三人紧追不放，并用竹子、木棍、锄头将朱某打成轻微伤"。都不属于"制止不法侵害的行为"，所以，定性为斗殴是准确的。谢某某、高某某、徐某某的诉讼请求不能得到支持。

四、处罚程序

治安管理处罚必须依据法定程序进行。治安管理处罚程序原则上使用治安管理

处罚法的规定；治安管理处罚法没有规定的，适用行政处罚法的相关规定。

（一）调查

1. 受理

公安机关对报案、控告、举报或者违反治安管理行为人主动投案，以及其他行政主管部门、司法机关移送的违反治安管理案件，应当及时受理，并进行登记。

2. 回避

遇有下列情形之一的，人民警察应当回避：（1）是本案当事人或者当事人的近亲属的；（2）本人或者其近亲属与本案有利害关系的；（3）与本案当事人有其他关系，可能影响案件公正处理的。

3. 传唤和询问

公安机关应当将传唤的原因和依据告知被传唤人。询问查证的时间不得超过8小时；情况复杂，可能适用行政拘留处罚的，询问查证的时间不得超过24小时。公安机关应当及时将传唤的原因和处所通知被传唤人家属。

4. 检查和鉴定

检查时，人民警察不得少于2人，并应当出示工作证件和县级以上人民政府公安机关开具的检查证明文件。检查妇女的身体，应当由女性工作人员进行。

5. 扣押

对被侵害人或者善意第三人合法占有的财产，不得扣押，应当予以登记。对与案件无关的物品，不得扣押。

（二）决定

1. 决定机关

治安管理处罚由县级以上人民政府公安机关决定；其中警告、500元以下的罚款可以由公安派出所决定。

2. 处罚决定

治安案件调查结束后，公安机关应当根据不同情况，分别作出处理：（1）确有依法应当给予治安管理处罚的违法行为的，根据情节轻重及具体情况，作出处罚决定；（2）依法不予处罚的，或者违法事实不能成立的，作出不予处罚决定；（3）违法行为已涉嫌犯罪的，移送主管机关依法追究刑事责任；（4）发现违反治安管理行为人有其他违法行为的，在对违反治安管理行为作出处罚决定的同时，通知有关行政主管部门处理。

3. 听证

公安机关作出吊销许可证以及处2000元以上罚款的治安管理处罚决定前，应当告知违反治安管理行为人有权要求举行听证。

4. 期限

公安机关办理治安案件的期限，自受理之日起不得超过30日；案情重大、复杂的，经上一级公安机关批准，可以延长30日。为了查明案情进行鉴定的期间，不计入办理治安案件的期限。

5. 当场决定

违反治安管理行为事实清楚，证据确凿，处警告或者200元以下罚款的，可以当场作出治安管理处罚决定。

6. 救济措施

被处罚人对治安管理处罚决定不服的，可以依法申请行政复议或者提起行政诉讼。

（三）执行

1. 罚款的执行

受到罚款处罚的人应当自收到处罚决定书之日起15日内，到指定的银行缴纳罚款。人民警察可以当场收缴罚款的情形：（1）被处50元以下罚款，被处罚人对罚款无异议的；（2）在边远、水上、交通不便地区，作出罚款决定后，被处罚人向指定的银行缴纳罚款确有困难，经被处罚人提出的；（3）被处罚人在当地没有固定住所，不当场收缴事后难以执行的。

2. 拘留的执行

对被决定给予行政拘留处罚的人，由作出决定的公安机关送达拘留所执行。在处罚前已经采取强制措施限制人身自由的时间，应当折抵，限制人身自由1日的，折抵行政拘留1日。

思考题

1. 社区治安综合治理的主要内容有哪几部分？

2. 社区治安防范的基本内容有哪些？

3. 妨害公共安全的行为有哪些？

第九章　信访、人民调解与法律援助知识

本 章 要 点

★信访是国家设定的下情上达的渠道，原则上老百姓的所有意见和建议都可以通过信访途径向国家提出。

★人民调解是人民调解委员会通过说服、疏导等方法，促使当事人在平等协商的基础上自愿达成调解协议，解决民间纠纷的活动。人民调解是群众自我管理、自我教育、自我服务的自治行为，属于诉讼外调解。

★法律援助是国家在司法制度运行的各个环节和各个层次上，对因经济困难及其他因素而难以通过正常的法律救济手段保障自身权利的社会弱者，减免收费提供法律帮助的一项法律保障制度，对实现社会正义和司法公正具有重要意义。

第一节　依法信访

一、信访的含义

信访，是指公民、法人或者其他组织采用书信、电子邮件、传真、电话、走访等形式，向各级人民政府、县级以上人民政府工作部门反映情况，提出建议、意见或者投诉请求，依法由有关行政机关处理的活动。信访是具有中国特色的一种解决问题的办法。为了保持各级人民政府同人民群众的密切联系，保护信访人的合法权益，维护信访秩序，信访条例于2005年1月5日国务院第76次常务会议通过，自2005年5月1日起施行。

二、我国信访工作的现状

由于国有企业改制、城市化和工业化的推进、农村土地流转加速、大量民工流

92

入城市、大中专毕业生和城市青年就业机制改革、城市和农村社会阶层的分化，使当前的信访问题出现新情况、新变化，概括起来主要有以下几方面：第一，信访总量居高不下，仍呈上升趋势；第二，群体信访十分突出，规模扩大；第三，无序上访问题突出，处理难度较大；第四，信访老户缠访问题，牵涉大量人力物力；第五，群众择机信访，造成工作反复；第六，涉法信访问题，分流较难。

三、信访事项的提出

（一）一般事项的提出

信访人有权对下列组织、人员的职务行为反映情况，提出建议、意见，或者不服下列组织、人员的职务行为，可以向有关行政机关提出信访事项：行政机关及其工作人员；法律、法规授权的具有管理公共事务职能的组织及其工作人员；提供公共服务的企业、事业单位及其工作人员；社会团体或者其他企业、事业单位中由国家行政机关任命、派出的人员；村民委员会、居民委员会及其成员。

但是，对依法应当通过诉讼、仲裁、行政复议等法定途径解决的投诉请求，信访人应当依照有关法律、行政法规规定的程序向有关机关提出。

（二）特殊事项的提出

信访人对各级人大以及县级以上各级人大常委会、人民法院、人民检察院职权范围内的信访事项，应当分别向有关的人大及其常委会、人民法院、人民检察院提出，并遵守信访条例关于信访事项提出形式、信访事项客观真实的要求和不违反信访条例禁止性的规定。

四、信访提出方式

（一）书面形式

信访人提出信访事项，一般应当采用书信、电子邮件、传真等书面形式；信访人提出投诉请求的，还应当载明信访人的姓名（名称）、住址和请求、事实、理由。

有关机关对采用口头形式提出的投诉请求，应当记录信访人的姓名（名称）、住址和请求、事实、理由。

（二）走访形式

根据信访条例的相关规定，信访人采用走访形式提出信访事项，应当向依法有权处理的本级或者上一级机关提出；信访事项已经受理或者正在办理的，信访人在规定期限内向受理、办理机关的上级机关再提出同一信访事项的，该上级机关不予受理。

信访人采用走访形式提出信访事项的，应当到有关机关设立或者指定的接待场所提出。

多人采用走访形式提出共同的信访事项的，应当推选代表，代表人数不得超过5人。

此外，信访无论是以何种形式提出，信访人提出的信访事项，应当客观真实，对其所提供材料内容的真实性负责，不得捏造、歪曲事实，不得诬告、陷害他人。

五、受理程序

（一）登记和受理

信访人按照信访条例规定直接向各级人民政府信访工作机构以外的行政机关提出的信访事项，有关行政机关应当予以登记；对符合信访事项的规定并属于本机关法定职权范围的信访事项，应当受理，不得推诿、敷衍、拖延；对不属于本机关职权范围的信访事项，应当告知信访人向有权的机关提出。

（二）书面答复

有关行政机关收到信访事项后，能够当场答复是否受理的，应当当场书面答复；不能当场答复的，应当自收到信访事项之日起十五日内书面告知信访人。但是，信访人的姓名（名称）、住址不清的除外。

（三）办理

信访事项应当自受理之日起六十日内办结；情况复杂的，经本行政机关负责人批准，可以适当延长办理期限，但延长期限不得超过三十日，并告知信访人延期理由。法律、行政法规另有规定的，从其规定。

（四）复查、复核

1.复查

信访人对行政机关作出的信访事项处理意见不服的，可以自收到书面答复之日起30日内请求原办理行政机关的上一级行政机关复查。收到复查请求的行政机关应当自收到复查请求之日起三十日内提出复查意见，并予以书面答复。

2.复核

信访人对复查意见不服的，可以自收到书面答复之日起三十日内向复查机关的上一级行政机关请求复核。收到复核请求的行政机关应当自收到复核请求之日起三十日内提出复核意见。

复核机关可以按照信访条例的规定举行听证，经过听证的复核意见可以依法向社会公示。听证所需时间不计算在前款规定的期限内。

3.一事不再理

信访人对复核意见不服，仍然以同一事实和理由提出投诉请求的，各级人民政府信访工作机构和其他行政机关不再受理。

（五）保密义务

行政机关及其工作人员不得将信访人的检举、揭发材料及有关情况透露或者转给被检举、揭发的人员或者单位。

六、信访事项督办

（一）信访督办情形

县级以上人民政府信访工作机构发现有关行政机关有下列情形之一的，应当及时督办，并提出改进建议：无正当理由未按规定的办理期限办结信访事项的；未按规定反馈信访事项办理结果的；未按规定程序办理信访事项的；办理信访事项推诿、敷衍、拖延的；不执行信访处理意见的；其他需要督办的情形。

（二）信访人意见

1. 一般性处理

信访人反映的情况，提出的建议、意见，有利于行政机关改进工作、促进国民经济和社会发展的，有关行政机关应当认真研究论证并积极采纳。收到改进建议的行政机关应当在三十日内书面反馈情况；未采纳改进建议的，应当说明理由。

2. 特殊处理

县级以上人民政府信访工作机构对于信访人反映的有关政策性问题，应当及时向本级人民政府报告，并提出完善政策、解决问题的建议。

县级以上人民政府信访工作机构对在信访工作中推诿、敷衍、拖延、弄虚作假造成严重后果的行政机关工作人员，可以向有关行政机关提出给予行政处分的建议。

七、信访禁止规定

信访人在信访过程中应当遵守法律、法规，不得损害国家、社会、集体的利益和其他公民的合法权利，自觉维护社会公共秩序和信访秩序，不得有下列行为：

第一，在国家机关办公场所周围、公共场所非法聚集，围堵、冲击国家机关，拦截公务车辆，或者堵塞、阻断交通的。

第二，携带危险物品、管制器具的。

第三，侮辱、殴打、威胁国家机关工作人员，或者非法限制他人人身自由的。

第四，在信访接待场所滞留、滋事，或者将生活不能自理的人弃留在信访接待场所的。

第五，煽动、串联、胁迫、以财物诱使、幕后操纵他人信访或者以信访为名借机敛财的。

第六，扰乱公共秩序、妨害国家和公共安全的其他行为。

第二节　人民调解

一、人民调解的概述

（一）人民调解的含义

人民调解是指人民调解委员会通过说服、疏导等方法，促使当事人在平等协商的基础上自愿达成调解协议，解决民间纠纷的活动。

人民调解工作是在人民调解委员会主持下的一种群众性活动。人民调解委员会和人民调解员是参与主体，其调解对象是矛盾双方当事人之间的纠纷，其调整范围是民间纠纷，其目的是通过调解使当事人双方达成合理合法的调解协议，解决纠纷，维护社会稳定。《人民调解工作若干规定》对此作了具体规定：人民调解委员会调解的民间纠纷，包括发生在公民与公民之间、公民与法人和其他社会组织之间涉及民事权利、义务争议的各种纠纷。

（二）人民调解的特点

人民调解是群众自我管理、自我教育、自我服务的自治行为，属于诉讼外调解。人民调解具有广泛的群众性、充分的民主性、自愿性和规范性。人民调解制度是在党和国家的领导下，继承和发扬我国民间调解的传统，经过不断地实践和探索，逐步完善和发展起来的一项具有中国特色的社会主义法律制度，是我国人民独创的化解矛盾、消除纷争的非诉讼纠纷解决方式。它具有扎根基层、程序简单、成本低、效果好的特点，在解决纠纷时的作用独特而不可替代。

（三）人民调解的基本原则

人民调解的基本原则，是人民调解组织及人民调解员在调解纠纷工作中必须遵循的活动准则。它是人民调解工作长期实践积累的经验总结，体现了人民调解工作的性质、特点和根本要求。人民调解法第三条对人民调解的基本原则作出了概括性规定，明确指出人民调解委员会调解民间纠纷，应当遵循下列原则：第一，在当事人自愿、平等的基础上进行调解；第二，不违背法律、法规和国家政策；第三，尊重当事人的权利，不得因调解而阻止当事人依法通过仲裁、行政、司法等途径维护自己的权利。

二、人民调解委员会和调解员

（一）人民调解委员会

人民调解委员会是依法设立的调解民间纠纷的群众性组织，在基层人民政府和基层人民法院指导下工作。村民委员会、居民委员会设立人民调解委员会。人民调解委员会一般由委员三至九人组成，设主任一人，必要时可设副主任若干人。人民调解委员会中应当有妇女委员；多民族聚居地区的人民调解委员会中，应当有人数较少的民族的成员；年龄结构要注意老、中、青结合。

（二）人民调解员

1.任职条件

人民调解员的任职条件有：（1）公道正派；（2）热心人民调解工作；（3）具有一定的文化水平、政策水平和法律知识；（4）成年公民。

2.行为规范

人民调解员的行为规范有：（1）不得偏袒一方当事人；（2）不得侮辱当事人；（3）不得索取、收受财物或者牟取其他不正当利益；（4）不得泄漏当事人的个人隐私、商业秘密。

3.职业道德

人民调解员的职业道德：（1）人民调解员要做遵纪守法、坚持原则的带头人；（2）从事人民调解工作，必须爱岗敬业，热情服务；（3）人民调解员还要做到诚实守信，举止文明；（4）严于律己，做遵纪守法的表率；（5）注重学习，不断提高法律、道德素养和调解技能。

三、人民调解工作流程

（一）纠纷受理

1.受理范围

人民调解委员会调解的民间纠纷，包括发生在公民与公民之间、公民与法人和其他社会组织之间涉及民事权利义务争议的各种纠纷。具体包括：（1）人身权纠纷；（2）婚姻家庭纠纷；（3）财产权益纠纷；（4）生产经营性纠纷；（5）损害赔偿纠纷；（6）其他违反社会公德的行为引起的纠纷。

2.受理条件

受理条件：（1）申请调解的纠纷属于人民调解的范围；（2）有明确的调解申请人和被申请人；（3）有明确的请求事项和事实根据；（4）申请调解的纠纷符合人民调解委员会受理范围。

3.管辖

民间纠纷，由纠纷当事人所在地（所在单位）或者纠纷发生地的人民调解委员会受理调解。

（二）调解程序

1.启动方式

人民调解的启动方式分为以下两种：第一，当事人申请调解纠纷；第二，人民调解委员会主动调解。当事人一方明确拒绝调解的，不得调解。

2.人民调解员的确定

一是由人民调解委员会指定一名或者数名人民调解员进行调解；二是由当事人选择一名或者数名人民调解员进行调解。在确定调解人员时，要遵守有关回避的规定以维护人民调解的公正性。

3.告知当事人权利义务

（1）当事人享有下列权利：①选择或者接受人民调解员；②接受调解、拒绝调解或者要求终止调解；③要求调解公开进行或者不公开进行；④自主表达意愿、自愿达成调解协议。

（2）当事人履行下列义务：①如实陈述纠纷事实；②遵守调解现场秩序，尊重人民调解员；③尊重对方当事人行使权利。

4.调解期限

调解纠纷一般在一个月内调结。一次调解不成的，可分次进行，但不能久拖不调。

（三）调解协议

1.调解协议的内容和生效

（1）调解协议书可以载明下列事项：①当事人的基本情况；②纠纷的主要事实、争议事项以及各方当事人的责任；③当事人达成调解协议的内容，履行的方式、期限。

（2）调解协议书自各方当事人签名、盖章或者按指印，人民调解员签名并加盖人民调解委员会印章之日起生效。调解协议书由当事人各执一份，人民调解委员会留存一份。口头调解协议自各方当事人达成协议之日起生效。

2.调解协议书的效力

双方当事人认为有必要的，可以向人民法院申请司法确认；经人民法院确认合法有效的调解协议，一方当事人拒绝履行或未全部履行的，对方当事人可以向法院申请强制执行。

3.调解协议的履行

人民调解协议具有民事合同的性质，当事人应当按照约定履行自己的义务，不得擅自变更或者解除调解协议的内容。当事人达成调解协议后反悔，拒不执行，或者履行了协议规定的部分义务而不履行剩余的部分义务，人民调解委员会可以采取以下措施：（1）对反悔有理，双方当事人又请求或者同意人民调解委员会重新调解的，可以重新调解，变更原协议内容，或者重新达成新的调解协议；（2）对反悔有理，但双方当事人不再接受人民调解委员会重新调解的，以及经人民调解委员会研究决定，认为反悔无理，再次说服教育，讲明无理反悔后果，动员自觉履行而无效的，告知双方当事人自愿选择其他解决矛盾纠纷的方式。

人民调解解决纠纷效果好

【案情介绍】某社区87岁退休教师刘某因精神残疾，全靠儿子照顾，儿子中风生活不能自理后，则由儿媳妇李某照顾。两个女儿要求照顾母亲，认为弟媳妇没有也不可能照顾好母亲，没想到刘某已习惯跟儿子儿媳过，不同意女儿照顾。为此女儿同儿媳发生争吵，闹到了社区。社区调解员经过与双方沟通和分析后发现，刘某女儿之所以对这件事不依不饶，是担心母亲的退休金被儿媳拿走。同时，内心根本不认同社区调解的效力，抗拒社区工作人员的介入，使调解工作阻力重重。调解员向社区配备的律师求助，律师吴某接待双方后，向两个女儿明确了三点法律意见：第一，刘老师是限制民事行为能力人，监护人一直是儿子儿媳，随意变更并改变生活环境对老人会造成诸多不便，何况老人自己也表示愿意跟儿子儿媳生活；第二，根据民法通则的规定，监护人除为了被监护人的利益外，不得处理被监护人的财产，因此两个女儿完全没必要担心母亲的财产被儿媳独占；第三，民法通则规定："对担任监护人有争议的，由精神病人的所在单位或所在地的居民委员会在近亲属中指定"，同时人民调解法也赋予了调解协议等同于"民事合同"的效力，因此大可对社区的调解工作放心。律师的权威解释令两个女儿的态度发生了转变，社区调解员不失时机地对双方做了调解，最终达成共识，至此事情圆满解决。

【以案释法】这是一起监护权纠纷案例。此案例调解初期并不顺利，最终之所以成功调解，主要得益于以下两点：（1）人民调解有时会遇到一些人的不理解甚至质疑，此时，调解员首先就要用真心、耐心和恒心换取当事人的信任，只有这样，才能换取下一步协调的可能。（2）在换取当事人的信任后，人民调解员还巧妙借用了当地政府为社区免费配备的律师，利用他的职业优势和权威，从第三方的角度提出了中肯的法律意见，这样做既肯定了人民调解的地位，又扫除了调解所遇到的障碍，使问题迎刃而解。

第三节　法律援助

一、法律援助的概念

法律援助制度，也称法律救助，是为世界上许多国家所普遍采用的一种司法救济制度，其具体含义是：国家在司法制度运行的各个环节和各个层次上，对因经济困难及其他因素而难以通过通常意义上的法律救济手段保障自身基本社会权利的社会弱者，减免收费提供法律帮助的一项法律保障制度。它作为实现社会正义和司法公正，保障公民基本权利的国家行为，在一国的司法体系中占有十分重要的地位。

二、法律援助的对象和条件

我国法律援助的对象是我国公民和符合一定条件的外国公民，即经济困难和特殊案件的当事人。法律援助的条件可分为一般条件和特殊条件。

（一）一般条件

一般条件是对中国公民普遍适用的条件，它是指确因经济困难、无能力或无完全能力支付法律服务费用，并有充分理由证明为保障自己合法权益需要帮助的我国公民，可以申请法律援助。

（二）特殊条件

特殊条件主要指刑事案件被控一方获得法律援助应具备的特殊情况，主要有以下几种：

犯罪嫌疑人、被告人是盲、聋、哑人，或者是尚未完全丧失辨认或者控制自己行为能力的精神病人，没有委托辩护人的，人民法院、人民检察院和公安机关应当通知法律援助机构指派律师为其提供辩护。

犯罪嫌疑人、被告人可能被判处无期徒刑、死刑，没有委托辩护人的，人民法院、人民检察院和公安机关应当通知法律援助机构指派律师为其提供辩护。

三、法律援助的范围

涉及下列法律事项，符合上述条件的当事人可以申请法律援助：依法请求国家赔偿的；请求给予社会保险待遇或者最低生活保障待遇的；请求发给抚恤金、救济金的；请求给付赡养费、抚养费、扶养费的；请求支付劳动报酬的；主张因见义勇为行为产生的民事权益的。

四、法律援助的申请

属于人民法院指定辩护的刑事法律援助案件，由该人民法院所在地的法律援助机构统一受理并组织实施，即由法院通知法律援助机构，由法律援助机构负责指定律师担任刑事被告人的辩护人。非指定辩护的刑事诉讼案件和其他诉讼案件的法律援助，由申请人向有管辖权的法院所在地的法律援助机构提出申请。其他非诉讼法律事务，由申请人向住所地或工作单位所在地的法律援助机构提出申请。

申请应当以书面形式提出，并递交下列材料：身份证、户籍证明或暂住证；有关单位出具的申请人及家庭成员经济状况的证明；申请法律援助的基本情况；法律援助机构认为需要提供的其他材料。

五、法律援助机构

法律援助机构是负责组织、指导、协调、监督及实施本地区法律援助工作的机构，统称"法律援助中心"。司法部设立法律援助中心，指导和协调全国的法律援助工作。

各级司法行政机关要积极向党委、政府报告，争取有关部门的支持，尽快设立法律援助中心，指导、协调、组织本地区的法律援助工作。未设立法律援助中心的地方，由司法局指派人员代行法律援助中心职责。律师事务所、公证处、基层法律服务机构在本地区法律援助中心的统一协调下，实施法律援助。其他团体、组织、学校开展的法律援助活动，由所在地法律援助中心指导和监督。

🔍以案释法⑳

法律援助保障弱势群体利益

【案情介绍】2010年7月底，徐州某玻璃制品有限公司法人代表李某因涉嫌犯罪被铜山区公安机关逮捕，该公司拖欠工人两个月的工资。196名工人向单位讨要无果后，多次到镇政府信访。铜山区法律援助中心获悉后主动介入，将工人引导至法律维权的道路上来，积极帮助工人准备、收集法律援助申请材料，并指派铜山区马坡法律援助工作站提供法律援助。工作站站长杨某接手案件后，多次深入到工厂、村庄为工人理顺劳动关系、收集证据材料，并经过三次开庭庭审，终于为196名工人讨回工钱35万元。

【以案释法】本案是涉及196人的农民工讨薪案件，人数众多、劳动关系复杂、取证困难，涉及铜山、沛县两县区，若处理不当，将会对社会造成重大影响。承办人员在庭外做了大量的工作，进厂入户30余次，及时维护了农民工的合法权益，保护了弱势群体，体现了社会的公平正义。

法律援助工作站

❓思考题

1. 人民群众针对哪些事项可以进行信访？

2. 人民调解的程序是怎样的？

3. 法律援助的对象和条件是怎样的？

第十章　居民安全防范常识

本 章 要 点

　★了解关于防盗、防抢、防骗、儿童安全、消防安全、上网安全等方面的安全防范常识。

第一节　防　盗

盗窃是指以非法占有为目的，窃取他人占有的数额较大的公私财物或者多次窃取公私财物的行为。个人盗窃公私财物数额达1000元以上的即构成盗窃罪，将被依法追究刑事责任。

一、居家防盗

犯罪分子盗窃住宅的方法主要有撬门入室、爬窗入室等手段。防范手段如下：

（1）自觉配合小区的管理。居民要自觉爱护小区内的各种防盗设施，出入公共防盗门要随手关门，不要将公共防盗门的钥匙借给朋友或随便为不认识的人开启防盗门。

（2）选择质量过硬的防盗门。假如贼进了社区，如果是楼房的话，楼门就是第二道关卡。有条件的话最好装一个"楼宇对讲"。自己的家要装一个质量好的防盗门。

（3）睡觉、出门关严门窗。关好窗户、反锁防盗门，注意厨房、厕所、阳台窗户关好，四楼以下夏季切忌开着窗户睡觉，贵重物品及衣物应该远离窗口，防止盗贼从窗口"勾钓"盗窃，居民平常在睡觉、出门之前最好检查一下门窗是否关严。

（4）长期不在家莫露痕迹。

（5）重要财物莫放家中。家里不要存放大量财物，就算家里有贵重财物，居民最好也别放在盗贼容易找到的地方。

（6）家居的各个门、窗要经常检查，窗、门损坏要及时更换，门锁损坏或钥匙遗失要及时更换。

（7）入室盗窃易发的部位，一是新搬迁的商品住宅，邻里间不熟悉，安全防范组织不健全；二是独居独院的住宅，邻里间相互照应能力差；三是楼房顶屋或低层以及楼下安装了外凸式防护栏的住宅易钻窗入室；四是长时间无人居住的住宅。

（8）如果发现贼正在作案，一定要记住莫逞英雄而应先报警。

（9）如果事后发现被盗，一要及时报警，保护好现场，不要急于入室核对损失的财物；二要阻止旁观人触摸、接近现场，以免现场被破坏，等待公安机关前来调查。

二、机动车防盗

盗窃机动车犯罪通常发生在子夜至凌晨这段时间，这时候人们睡意较浓，不易惊醒，巡查保卫人员这时也比较困乏，警惕性降低，防范工作相对薄弱。发案地点主要集中在路边、居民楼下及临时停车场等光线昏暗、行人稀少的僻静处，这些地点停放的车辆很容易成为盗贼的猎物。针对这类盗窃，防范手段如下：

（1）停车时，尽量选择地势开阔、行人繁多的场地，最好停放在有人看守的停车场，要避免将车停放在没有灯光或光线昏暗的地方。

（2）如果有时万不得已必须把爱车停放在较为隐蔽的角落时，尽可能将车头朝外，这样就算真有盗贼"光顾"您的车，也容易被人发现。

（3）选择汽车防盗装置千万不要图便宜，一定要选择正规厂家、科技含量较高的产品，尽量给偷车贼的"工作"增加难度。

（4）不要轻易将车辆借给他人使用，对机动车维修和保养也要选择正规的修理厂，将被他人偷配钥匙盗走车辆的可能性减少到最低。

（5）人离车时尽量不要将现金、手机等贵重物品和包放在车内，以免诱使窃贼铤而走险。

（6）有条件尽量安装 GPS 卫星定位系统。

三、购物、用餐防盗

针对购物、用餐中的盗窃，防范手段如下：

（1）不要毫无目的地携带大量现金逛商场，有目的购物时，现金也应妥善保管，最好贴身携带。

（2）当您一个人在商场试衣服时，一定要时刻记得包不要离身。

（3）在外用餐，衣服和手包应不脱离视线。

（4）在理发店或饭店等公共场所，一定不要让包脱离自己的视线。如想将外衣搭在身后的椅子靠背上，要把外衣中的现金和贵重物品拿出，贴身保管。

四、驾车出行防盗

针对驾车出行中的盗窃，防范手段如下：

（1）生人敲门须警惕，驾车至路口或较僻静的路段时，如果突然有人来到车旁，或敲打车门，或对轮胎指指点点，停车检查前，一要关好车门；二要将财物随身拿好。如发现两人以上伺机作案，不要马上停车，而是慢慢将车开到人多热闹的地段，或在车内马上用电话报警。

（2）短暂停车要关门，防止小偷伺机作案。

（3）后备箱存物不保险，贵重物品不要放在后备箱。

（4）停车过夜有讲究，应选择专门的停车场地，如果实在没有条件的话，应将车停放在小区通道、出入口、街灯下等有人出现、易于观察的地方，避免偏僻和视线死角。

五、信用卡防盗

针对信用卡盗窃，防范手段如下：

（1）用完信用卡后，让对方或干脆自己毁掉交易中用过的复写纸，但必须保留您自己的存根，以便同银行按固定时间给您的结算单进行核对。

（2）不要写下自己的密码，永远不要将密码透露给任何人。

（3）新卡一到手，马上签上名。确认新卡生效后，立即毁掉旧卡。

（4）不要将支票簿同自己的信用卡放在一起。

（5）信用卡丢失后，马上向发放该卡的银行或有关机构挂失。

（6）如果将信用卡放在随身携带的包里，要确保封好包口。

（7）在公共场合不要随便放装有信用卡的包、手提箱或外套。

（8）在工作的地方，最好将私人物品锁在柜子或抽屉里。

（9）度假时，不要将私人财务落在宾馆房间里、沙滩上或游泳池边。

第二节 防 抢

抢劫，是指以非法占有为目的，以暴力胁迫或者其他方法施行将公私财物据为己有的一种犯罪行为。抢夺，则是指以非法占有为目的、乘人不备公然夺取他人的财物的一种犯罪行为。这两类犯罪行为都会侵害他人的人身权利和财产权利，且容易转化为凶杀、伤害、强奸等恶性案件，比盗窃犯罪更具有社会危害性。

一、防飞车抢夺

飞车抢夺案多发生在酒店、车站、十字路口等人流复杂、道路宽阔的地方。飞车抢劫的对象多以女性为主，根据飞车抢夺的特点，受害人往往为单身夜行的女性。案犯作案手法有两种，一是两三人骑摩托车，由后座上的人抢夺；另一种是驾小车抢夺。针对飞车抢夺，防范手段如下：

（1）夜间外出的女性要注意走在人多光线亮的地方，最好不要单独行走。

（2）对于悄悄驶近的摩托车、小车要特别注意防范。

（3）若要夜间独自外出，骑车者可把包带绕在自行车车头上。

（4）若有人在身后打招呼，千万不要让包离开自己的视线。

二、防麻醉抢劫

麻醉抢劫是指犯罪嫌疑人将精神类药物注入或放入食物、饮料中，待其昏迷后实施抢劫。针对麻醉抢劫，防范手段如下：

（1）独自到公共场所喝饮料，如果没有喝完就去上厕所或离开打电话，回来以后就不要再喝了，以免中途被下麻醉药。

（2）因为麻醉剂作用于人体的途径不同，还应当谢绝使用陌生人提供的香烟、饮品、手帕和纸巾。

三、银行取款防抢

现在百姓出入银行取钱的频率非常频繁，犯罪分子也趁机盯上了到银行取款的群众，因此在取款前后要确保安全，牢固树立安全防范意识，提高警惕性，以免生命受到损伤，财产遭遇损失。取款前后要注意以下事项：

（1）在进入银行取款前，在时刻警惕周围有没有可疑的人员，大宗取款的市民一定要请银行保安随身送出，不可疏忽大意。

（2）提取大额现金时最好两人同行，要时刻注意银行营业网点是否有闲杂人员，特别要关注营业厅里戴头盔（帽）、戴墨镜等故意掩盖面部特征或穿着与气候不符，或徘徊游荡、漫不经心打手机的可疑人员。

（3）取款后不要疏忽大意，应将钱财妥善放置，不要随意放在兜里，以免容易被犯罪分子盗抢。取大额钱款的群众切记不要将钱放在塑料袋或兜里直接用单手拎着，这样很容易出门时被犯罪分子抢夺。

（4）不要离开银行后在公共场所清点钱款或暴露钱财，不要将装款的包袋放在自行车篮筐或摩托车后箱内。

（5）取钱后要注意观察周围情况，留心是否有人跟踪窥视或尾随，尤其是驾驶摩托车在银行门口慢行或东张西望的可疑人员，必要时应报警求助或迅速乘出租车离开。

（6）一旦遇到犯罪分子侵害，不要惊慌，要大声呼救，引起周围人的注意，以争取得到帮助，同时要留意犯罪分子的体貌特征，并立即报警，协助公安机关侦破案件。

第三节　防　骗

诈骗，是指以非法占有为目的，用虚构事实或者隐瞒真相的方法，骗取款额较大的公私财物的行为。由于这种行为完全不使用暴力，而是在一派平静甚至"愉快"的气氛下进行的，加之受害人一般防范意识较差，较易上当受骗。诈骗公私财物价值5000元以上就构成诈骗罪，要受到法律严惩。

一、常见诈骗手段

虽然各种骗术层出不穷，花招屡屡翻新，但只要公众增强心理防范意识，相信天上不会掉馅饼，相信科学，破除封建迷信，坚决不贪意外之财，不滥用同情心，再"精明"的骗子也无法得逞。骗子的手段一般来说有五种：

（1）利用社会的名誉和地位。一些骗子堂而皇之的冒充领导人、专家、演员、名人或者他们的亲属、至交，使一些人受骗上当。

（2）利用钱物。有些人见钱眼开，很容易在金钱迷雾中晕头转向。骗子利用一些人贪财心理，或空头许诺，或小利勾引，结果"姜太公钓鱼，愿者上钩"的不少。

（3）利用女色。一些女骗子常常卖弄风骚，勾引一些花心男性的魂魄，继而从他们那里骗取钱物。

（4）利用比较亲密的人际关系。有些行骗者喜欢与人拉亲属、攀老乡，借此来瓦解受骗者的警惕性，达到行骗的目的。

（5）利用封建迷信。一些骗子以替人消灾为名骗取钱财。

二、防骗"十要素"

防骗，要牢牢把握以下十个要素：

（1）做个老实人，不贪横财。

（2）要有强烈的防骗意识。

（3）要学会察言观色。

（4）旅途中对陌生人提供的香烟、饮料、食品等，要婉言谢绝，防止犯罪分子的"迷魂药"。

（5）莫充内行，以免被骗。

（6）不贪美色，谨防中计。

（7）买药要走正当途径，有难言之隐，要去正规医院就医。

（8）不要到街头地摊上"测字""看相""算命"，那些都是骗人的把戏。

（9）对街头向您求助或乞讨的"可怜人"，要细加识别，防止上当受骗。

（10）遭到骗子的"暗算"，一定要就近快速报案，万万不要"哑巴吃黄连"。

民警下社区巧破连环诈骗案

【案情介绍】2009年3月，某派出所民警通过下社区开展工作，破获了一个以电视购物为名用网络电话推销劣质产品进行诈骗的犯罪团伙。抓获涉案嫌疑人10名，刑事拘留5人，核实上当受骗人员50余人，涉及17个省市，涉案金额近10万元。

自2009年2月26日以来，犯罪嫌疑人秦某在精心预谋后，网罗组织8名话务员冒充电视购物工作人员或品牌手机厂家售后服务工作人员，按照秦某提供的个人信息资料，每天拨打数百个电话。这些话务员在电话中按照秦某事先编排好的推销术语，采取3G手机以旧换新、降价促销、邮寄到家再付款等欺骗手段，骗取顾客信任，对外声称只需998元便可获得一部质优价廉的新款3G手

> 只要998元就能获得一部高档3G手机！

机，顾客同意购买留下联系住址后，秦某再到批发市场等地方购买价值几十元的残次品或无法使用的手机模型，找到物流公司签订托运协议交付运费，再由物流公司转给邮政部门邮递给顾客，待几天后接收人签字交钱拿到手机发现名不副实，寄来的手机不能使用或者是破旧手机，再打电话联系话务员要求退货时，秦某等人开始时还接事主电话，以"自己也被公司辞退了，跟自己毫无关联了"为由搪塞事主，待发现事主多次来电时，干脆就不予理睬了。受骗事主因为路途遥远，多不会选择来事发地报案，只能够哑巴吃黄连自认倒霉，最终货款由物流公司负责打到秦某所开的账户上。

【以案释法】骗子们之所以屡屡得手，一方面是骗子抓住了受害事主贪图便宜的心理，同时因为路途遥远，发现上当后不得不选择自认倒霉的心态；另一方面，骗子钻了托运环节的漏洞，负责邮递的业务员在将所托运的物品交到事主手中时，都会告知事主，按照邮递公司规定先交钱签字后再取包裹，这样顾客只有先付钱，待事主发现物品是残次品要求退换时，骗子以各种理由搪塞事主，待发现事主多次来电时，干脆就不予理睬了。

第四节　社区安全防范

一、儿童安全防范

要保障儿童的安全，就要做好以下几个方面：

（1）一定要教会孩子遇到危险时拨打"110"或父母电话。

（2）如果儿童单独外出，要选择公共交通工具，不要乘坐不认识或不熟悉的朋友的车。

（3）教育儿童不要收受陌生人给的东西，不要跟陌生人前往任何地方。

（4）一些家长喜欢用"警察叔叔"来吓唬不听话的儿童，这是错误的，应该让儿童知道警察是抓坏人的，是可以信任的，遇险要懂得向警察求助。

（5）让孩子自小就树立这样的观念：偷窃、打架、说谎等是可耻的行为。

（6）告诉他们，在紧急、危险的时候可以不遵守规矩，可以采取自救措施。在学校遇到流氓欺负的时候要寻求朋友帮助或告知长辈。

（7）要建立与孩子间的信任感，让他们知道遇到恐惧不安的事情要说出来，父母是不会责怪或嫌弃的。

（8）要认识子女的朋友，常向学校了解子女在群体中的表现。

（9）如果发现子女情绪突变、食欲不振、停止惯常活动、无心向学、远离朋友、表现疲倦、说谎；家长的金钱、财物不翼而飞；子女的身上或衣物有异样的气味、斑迹，在家里发现药粉、药片、针筒等物品，必须提高警惕，这可能是子女染上不良恶习的表征。

（10）如果发现子女已染上不良恶习或其他不良倾向，不要罚骂、唾弃，而应设法让其回到正常、健康的生活圈子中。

（11）儿童要尽量与同学一起集体外出，并且要让父母知道行踪，保持联络。

二、消防安全防范

要保障消防方面的安全，应做好以下几个方面：

（1）发现火灾迅速拨打"119"或"110"报警。

（2）火势不大时，要抓住有利时机灭火，用灭火器、清水、湿被等将火扑灭，同时大声呼救，通知旁人支援和报警。

（3）人多火大时要及时组织疏散逃跑，切勿贪恋财物。

（4）向外呼救，让外界知道有人困身火海。

（5）楼层下方着火、楼梯被火封死时，关闭与火房相连的所有门窗，减缓火势蔓延，同时用湿毛巾捂住口鼻，向楼顶阳台上的安全地带转移，并向外发出求救信号。

（6）身上着火可就地打滚，或用厚重衣物覆盖压灭火苗。

（7）被火围困，防烟至关重要，火灾遇难者多为浓烟窒息致死。用湿的被褥、衣物等堵住门缝，防止浓烟灌入，并不断泼水降温。

（8）淋湿全身，用湿棉被、衣物披裹身体，用湿毛巾捂住口鼻冲出火场。要弯腰贴近地面走，以呼吸地面尚未污染的空气。

（9）楼层不高，或万不得已时，要跳楼逃生。将床垫、棉胎、沙发等软物选点扔下楼，再对准跳下，跳楼时一定要脚先着地。最好找到绳子、窗帘或被单撕成条状连接成绳索拴牢在门框上，荡至邻近建筑或下滑逃生。

三、上网安全防范

要保障网络方面的安全，应做好以下几个方面：

（1）严格遵守计算机信息系统安全保护条例，禁止侵犯计算机软件著作权，不得利用计算机信息系统从事违反国家利益、集体利益和公民合法权益的活动，不得危害计算机信息系统的安全。

（2）严格遵守国家法律、法规，严格执行安全保密制度，不得利用国际互联网从事危害国家、泄露国家秘密等违法犯罪活动；不得利用国际互联网查阅、复制和传播有关危害国家安全、国家秘密、妨碍社会治安和淫秽色情的信息。发现上述犯罪行为和有害信息，应及时向保卫部门报告。

（3）遵守用户规则，不得擅自进入未经许可的计算机系统，修改他人信息；不得在网络上散发恶意信息，冒用他人名义发出信息或搞恶作剧捉弄别人，侵犯他人隐私或扰乱社会秩序；不得制造、传播计算机病毒及从事其他侵害网络安全的活动。

（4）自觉增强自控能力，上网适可而止。不能过分迷恋网络，沉迷其中，浏览网页时，尽量选择合法网站。网络中存在一些不健康或非法的信息，提高识别能力，认清本质，坚决反对。

（5）要加强自我防范，不要随意下载不知名、不了解或非法的软件，这类软件可能会泄露下载者的身份如：账号与密码（尤其是用电话卡上网者更要谨慎小心）；对于网友的盛情邀请，要特别提高警惕，尽量回绝，以免上当。

（6）避免遭遇网络陷阱，防治网络欺骗，不轻易相信互联网上的中奖信息。

（7）不要相信互联网上来历不明的测试个人情商、智商，交友之类的测试软件，这类软件大都要求提供个人真实的资料，往往这就是一个网络陷阱。

（8）不要将自己的电话号码、手机号码在不正规的网站注册，有些人在网上注册成功后，不但要交纳高额的电话费，而且会受到一些来历不明的电话、信息的骚扰等等。

（9）要保护好个人的密码及密码的编制，不要与公开的资料内容一致，避免使用个人的身份证号码、出生日期、电话号码、常见的英语单词等。

（10）正确使用互联网技术，不要随意攻击各类网站，一则会触犯相关的法律；二则可能会引火烧身，被他人反跟踪、恶意破坏、报复，得不偿失。

（11）不要存有侥幸心理，自以为技术手段如何高明。互联网技术博大精深，没有完全掌握全部技术的完人，要时刻保持谦虚的态度，不要在互联网上炫耀自己或利用互联网实施犯罪活动。

（12）选择合法的、信誉度高的网站进行交易。对该网站的信誉度、安全性、付款方式，特别是以信用卡付费的保密性进行考查，防止个人账号、密码遗失或被盗，造成不必要的损失。

（13）若网上商店提供的商品与市场价格相距甚远或明显不合理时，要小心求证，切勿贸然购买，以免上当受骗。在进行网上交易时应打印出交易内容与确认号码之订单，或将其存入电脑，妥善保存交易记录。

思考题

1. 防范盗窃信用卡的方法有哪些？

2. 驾车出行如何防盗？

3. 发生火灾后应当采取什么措施？

第十一章　党内法规的学习宣传

本 章 要 点

　★党内法规是管党治党的重要依据，也是建设社会主义法治国家的有力保障。我们党历来高度重视党内法规建设。党的十八届四中全会提出，要加强党内法规制度建设，形成完善的党内法规体系。习近平总书记强调，各级党委（党组）都要把党内法规建设作为事关党长期执政和国家长治久安的重大战略任务，摆到更加突出位置，切实抓紧抓好。《中央宣传部、司法部关于在公民中开展法治宣传教育的第七个五年规划（2016—2020年）》明确要求，将深入学习宣传党内法规作为"七五"普法宣传的一项重要任务，"注重党内法规宣传与国家法律宣传的衔接和协调，坚持纪在法前、纪严于法，把纪律和规矩挺在前面，教育引导广大党员做党章党规党纪和国家法律的自觉尊崇者、模范遵守者、坚定捍卫者。"

第一节　党内法规的分类

根据党内法规的调整对象，党内法规可分为以下八类：

一、党章及相关法规

用以规范党的性质和宗旨、路线和纲领、指导思想和奋斗目标、组织原则和组织机构、党员基本义务和基本权利、党的纪律，以及衍生于党章、与党章相配套、直接保障党章实施，确定党的理论和路线方针政策、确立党内生活基本准则、规定党员基本行为规范、规范党内法规制定活动、规定党的标志象征等的法规，如《中国共产党章程》《中国共产党党内法规制定条例》《关于新形势下党内政治生活的若干准则》和《中国共产党党内监督条例》等。

二、党的领导和党的工作方面法规

用以调整党在发挥总揽全局、协调各方的领导核心作用时，与人大、政府、政协、司法机关、人民团体、企业事业单位、军队等形成的领导与被领导关系，主要规定党的领导体制机制、领导方式，规范党组工作、纪律检查工作、组织工作、宣传工作、政法工作、统一战线工作、军队工作、群众工作等，为党更好地实施领导、执政治国提供重要制度保证，如《中国共产党党组工作条例（试行）》《中国共产党统一战线工作条例（试行）》等。

三、思想建设方面法规

用以规范党的思想建设方面的工作和活动，主要包括规范思想建设、理论武装、党性教育、道德建设等的法规，如《中国共产党党校工作条例》《中共中央纪律检查委员会关于共产党员违反社会主义道德党纪处分的若干规定（试行）》等。

四、组织建设方面法规。

用以规范党的组织建设方面的工作和活动，主要包括规范党的组织制度、组织机构、干部队伍、党员队伍、人才工作等的法规，如《中国共产党地方组织选举工作条例》《党政领导干部选拔任用工作条例》《干部教育培训工作条例》等。

五、作风建设方面法规

用以规范党的作风建设方面的工作和活动，主要包括规范思想作风、工作作风、领导作风、学风、干部生活作风等的法规，如《十八届中央政治局关于改进工作作风、密切联系群众的八项规定》《党政机关厉行节约反对浪费条例》等。

六、反腐倡廉建设方面法规

用以规范党的反腐倡廉建设方面的工作和活动，主要包括规范反腐败领导体制机制、反腐倡廉教育、党内监督、预防腐败、惩治腐败等的法规，如《中国共产党廉洁自律准则》《中国共产党纪律处分条例》《中国共产党党内监督条例（试行）》等。

七、民主集中制建设方面法规

用以规范党的民主集中制建设方面的工作和活动，推动民主集中制具体化、程序化，主要包括规范党员民主权利保障、党的代表大会制度、党的委员会制度等的法规，如《中国共产党党员权利保障条例》《中国共产党地方委员会工作条例》等。

八、机关工作方面法规

用以规范党的机关运行和服务保障体制机制，主要包括规范党的各级机关公文办理、会议活动服务、综合协调、信息报送、督促检查、法规服务、安全保密、通信保障、档案服务、机关事务管理等的法规，如《党政机关公文处理工作条例》《中

国共产党党内法规和规范性文件备案规定》等。

以上八个方面的法规，共同构成党内法规体系。

扩展阅读

党内法规体系已初步形成

新中国成立以来特别是改革开放以来，适应不同历史时期党的建设需要，中央科学谋划、统筹布局，制定颁布了一系列党内法规，初步形成了以党章为核心的党内法规体系，党内生活主要方面基本实现了有规可依。截至目前，我们党制定了1个党章，2个准则，26个条例，约1800个规则、规定、办法、细则；其中，党的中央组织制定的党内法规140多个，中央纪委和中央各部门制定的党内法规约150个，地方

第二节　党的反腐倡廉建设法规

腐败是侵蚀党的肌体的毒瘤。保持党的先进性纯洁性，必须坚决惩治和有效预防腐败。制度建设是反腐倡廉建设的治本之策。我们党历来高度重视反腐倡廉制度建设，制定发布了一大批反腐倡廉建设法规，教育、监督、改革、纠风、惩治等反腐倡廉建设各个方面基本实现了有规可依，反腐倡廉法规制度体系已基本形成。据统计，改革开放以来，中央制定发布了20多件反腐倡廉建设方面的党内法规，同时中央纪委印发了130多件配套法规制度。这里重点介绍《中国共产党廉洁自律准则》和《中国共产党纪律处分条例》。

一、中国共产党廉洁自律准则

办好中国的事情，关键在党。我们党是靠革命理想和铁的纪律组织起来的马克思主义政党，组织严密、纪律严明是党的优良传统和政治优势，是我们党的力量所在。全面从严治党，必然要求全体党员特别是党员领导干部坚定理想信念，坚持根本宗旨，发扬优良作风，始终走在时代前列，始终成为中国特色社会主义事业的坚强领导核心。

2001年中共中央印发的《中国共产党党员领导干部廉洁从政若干准则》，

对于促进党员领导干部廉洁从政，保持党的先进性纯洁性发挥了重要作用。党的十八大以来，随着全面从严治党实践的不断深化，准则已不能完全适应新的实践需要。主要表现在：一是适用对象过窄，仅对党员领导干部提出要求，未能涵盖8700多万党员；二是缺少正面倡导，许多条款与修订前的党纪处分条例和国家法律重复；三是廉洁主题不够突出，一些内容与廉洁主题无直接关联。鉴于以上原因，有必要对准则予以修订。2015年10月18日，中共中央印发了新修订的《中国共产党廉洁自律准则》。准则共八条，包括导语、党员廉洁自律规范和党员领导干部廉洁自律规范三部分。主要内容源自于党章和党的几代领导人特别是习近平总书记的重要论述，可以概括为"四个必须""八条规范"。准则在导语部分提出"四个必须"，体现了准则的制定目的和目标要求，即全体党员和各级党员领导干部必须坚定共产主义理想和中国特色社会主义信念，必须坚持全心全意为人民服务根本宗旨，必须继承发扬党的优良传统和作风，必须自觉培养高尚道德情操，努力弘扬中华民族传统美德，廉洁自律，接受监督，永葆党的先进性和纯洁性。在党员廉洁自律规范部分，准则围绕如何正确对待和处理"公与私""廉与腐""俭与奢""苦与乐"的关系提出"四条规范"，即坚持公私分明，先公后私，克己奉公；坚持崇廉拒腐，清白做人，干净做事；坚持尚俭戒奢，艰苦朴素，勤俭节约；坚持吃苦在前，享受在后，甘于奉献。在党员领导干部廉洁自律规范部分，针对党员领导干部这个"关键少数"，围绕廉洁从政，准则从公仆本色、行使权力、品行操守、良好家风等方面，对党员领导干部提出要求更高的"四条规范"，即廉洁从政，自觉保持人民公仆本色；廉洁用权，自觉维护人民根本利益；廉洁修身，自觉提升思想道德境界；廉洁齐家，自觉带头树立良好家风。

任何一个社会、任何一个公民不能都踩到法律的底线上，党员更不能站在纪律的边缘。准则以党章作为根本遵循，坚持依规治党与以德治党相结合，针对现阶段党员和党员领导干部在廉洁自律方面存在的主要问题，为党员和党员领导干部树立了一个看得见、够得着的高标准，展现了共产党人高尚道德追求，体现了古今中外道德规范从高不从低的共性要求。

修订后的廉洁自律准则，是党执政以来第一个坚持正面倡导、面向全体党员的廉洁自律规范，是向全体党员发出的道德宣示和对全国人民的庄严承诺。各级党组织要切实担当和落实好全面从严治党的主体责任，抓好准则的学习宣传和贯彻落实，把各项要求刻印在全体党员特别是党员领导干部的心上。各级党员领导干部要发挥表率作用，以更高更严的要求，带头践行廉洁自律规范。广大党员要加强党性修养，保持和发扬党的优良传统作风，使廉洁自律规范内化于心、外化于行，坚持理想信念宗旨"高线"，永葆共产党人清正廉洁的政治本色。

二、中国共产党纪律处分条例

坚持党要管党、从严治党，是实现"两个一百年"奋斗目标和中华民族伟大复兴中国梦的根本保证。全面从严治党，必须围绕坚持党的领导这个根本，注重依规依纪治党，切实加强党的纪律建设。

原党纪处分条例是在1997年《中国共产党纪律处分条例（试行）》基础上修订而成的，2003年12月颁布实施，对维护党章和其他党内法规，严肃党的纪律等发挥了重要作用。随着党的建设深入推进，条例也呈现一些不相适应的地方：一是对违反党章、损害党章权威的违纪行为缺乏必要和严肃的责任追究；二是纪法不分，近半数条款与刑法等国家法律规定重复，将适用于全体公民的法律规范作为党组织和党员的纪律标准，降低了对党组织和党员的要求；三是有必要将党的十八大以来从严治党的实践成果制度化，将严明政治纪律和政治规矩、组织纪律，落实中央八项规定精神，反对"四风"等内容吸收进条例。为把党规党纪的权威性在全党树起来、立起来，切实唤醒广大党员干部的党章党规党纪意识，有必要对党纪处分条例进行修订。2015年10月18日，中共中央颁布了新修订的《中国共产党纪律处分条例》。

修订后的条例共三编、十一章、一百三十三条，分总则、分则、附则三部分。主要内容有以下五方面：一是对条例的指导思想、基本原则和适用范围作出规定，增加了党组织和党员必须自觉遵守党章，模范遵守国家法律法规的规定；二是对违纪概念、纪律处分种类及其影响等作出规定，将严重警告的影响期由原来的一年修改为一年半；三是对纪律处分运用规则作出规定，将在纪律集中整饬过程中不收敛、不收手列为从重或者加重处分的情形；四是对涉嫌违法犯罪党员的纪律处分作出规定，实现党纪与国法的有效衔接；五是将原条例规定的十类违纪行为整合修订为六类，分别为：对违反政治纪律行为的处分、对违反组织纪律行为的处分、对违反廉洁纪律行为的处分、对违反群众纪律行为的处分、对违反工作纪律行为的处分、对违反生活纪律行为的处分。在这六种违纪行为的规定中，增加了拉帮结派、对抗组织审查、组织或者参加迷信活动、搞无原则一团和气以及违反党的优良传统和工作惯例等党的规矩的违纪条款；不按照有关规定或者工作要求向组织请示报告重大问题，不如实报告个人有关事项，篡改、伪造个人档案资料，隐瞒入党前严重错误等违纪条款；搞权权交易，对亲属和身边工作人员管教不力，赠送明显超出正常礼尚往来的礼品、礼金、消费卡，违规出入私人会所，搞权色交易和钱色交易等违纪条款；超标准、超范围向群众筹资筹劳，在办理涉及群众事务时故意刁难、吃拿卡要等侵害群众利益的违纪条款；党组织不履行全面从严治党主体责任，违规干预和插手市场经济活动，违规干预和插手司法活动、执纪执法活动等违纪条款；生活奢靡，违背社会公序良俗等违纪条款。

条例贯彻党的十八大和十八届三中、四中全会精神，坚持依规治党与以德治党相结合，围绕党纪戒尺要求，开列负面清单，重在立规，是对党章规定的具体化，划出了党组织和党员不可触碰的底线，对于贯彻全面从严治党要求，把纪律和规矩挺在前面，切实维护党章和其他党内法规的权威性严肃性，保证党的路线方针政策和国家法律法规的贯彻执行，深入推进党风廉政建设和反腐败斗争，具有十分重要的意义。

各级党委（党组）要按照中央要求，切实担当和落实好全面从严治党的主体责任，认真贯彻执行党纪处分条例，严明党纪戒尺，把党的纪律刻印在全体党员特别是党员领导干部的心上。要坚持问题导向，把严守政治纪律和政治规矩放在首位，通过严肃政治纪律和政治规矩带动其他纪律严起来。要坚持把纪律和规矩挺在前面，落实抓早抓小，绝不允许突破纪律底线。党员领导干部要以身作则，敢于担当、敢于较真、敢于斗争，确保把党章党规党纪落实到位。广大党员要牢固树立党章党规党纪意识，做到讲规矩、守纪律，知敬畏、存戒惧，自觉在廉洁自律上追求高标准，在严守党纪上远离违纪红线，在全党逐渐形成尊崇制度、遵守制度、捍卫制度的良好风尚。

思考题

1. 什么是党内法规？
2. 八项规定是什么时间提出的？
3. 《中国共产党纪律处分条例》主要包括几方面内容？

附录

中共中央 国务院转发《中央宣传部、司法部关于在公民中开展法治宣传教育的第七个五年规划（2016—2020年）》的通知

各省、自治区、直辖市党委和人民政府，中央和国家机关各部委，解放军各大单位、中央军委机关各部门，各人民团体：

《中央宣传部、司法部关于在公民中开展法治宣传教育的第七个五年规划（2016—2020年）》（以下简称"七五"普法规划）已经中央同意，现转发给你们，请结合实际认真贯彻执行。

全民普法和守法是依法治国的长期基础性工作。深入开展法治宣传教育，是贯彻落实党的十八大和十八届三中、四中、五中全会精神的重要任务，是实施"十三五"规划、全面建成小康社会的重要保障。各级党委和政府要把法治宣传教育纳入当地经济社会发展规划，进一步健全完善党委领导、人大监督、政府实施的法治宣传教育工作领导体制，确保"七五"普法规划各项目标任务落到实处。要坚持把领导干部带头学法、模范守法作为树立法治意识的关键，完善国家工作人员学法用法制度，把法治观念强不强、法治素养好不好作为衡量干部德才的重要标准，把能不能遵守法律、依法办事作为考察干部的重要内容，切实提高领导干部运用法治思维和法治方式深化改革、推动发展、化解矛盾、维护稳定的能力。坚持从青少年抓起，把法治教育纳入国民教育体系，引导青少年从小掌握法律知识、树立法治意识、养成守法习惯。要坚持法治宣传教育与法治实践相结合，深化基层组织和部门、行业依法治理，深化法治城市、法治县（市、区）等法治创建活动，全面提高全社会法治化治理水平。要推进法治教育与道德教育相结合，促进实现法律和道德相辅相成、法治和德治相得益彰。要健全普法宣传教育机制，实行国家机关"谁执法谁普法"的普法责任制，健全媒体公益普法制度，推进法治宣传教育工作创新，不断增强法治宣传教育的实效。要通过深入开展法治宣传教育，传播法律知识，弘扬法治精神，建设法治文化，充分发挥法治宣传教育在全面依法治国中的基础作用，推动全社会树立法治意识，为顺利实施"十三五"规划、全面建成小康社会营造良好的法治环境。

中共中央 国务院
2016年3月25日

中央宣传部、司法部关于
在公民中开展法治宣传教育的第七个
五年规划（2016—2020年）

在党中央、国务院正确领导下，全国第六个五年法制宣传教育规划（2011—2015年）顺利实施完成，法治宣传育工作取得显著成效。以宪法为核心的中国特色社会主义法律体系得到深入宣传，法治宣传教育主题活动广泛开展，多层次多领域依法治理不断深化，法治创建活动全面推进，全社会法治观念明显增强，社会治理法治化水平明显提高，法治宣传教育在建设社会主义法治国家中发挥了重要作用。

党的十八大以来，以习近平同志为总书记的党中央对全面依法治国作出了重要部署，对法治宣传教育提出了新的更高要求，明确了法治宣传教育的基本定位、重大任务和重要措施。十八届三中全会要求"健全社会普法教育机制"；十八届四中全会要求"坚持把全民普法和守法作为依法治国的长期基础性工作，深入开展法治宣传教育"；十八届五中全会要求"弘扬社会主义法治精神，增强全社会特别是公职人员尊法学法守法用法观念，在全社会形成良好法治氛围和法治习惯"。习近平总书记多次强调"领导干部要做尊法学法守法用法的模范"，要求法治宣传教育"要创新宣传形式，注重宣传实效"，为法治宣传教育工作指明了方向，提供了基本遵循。与新形势新任务的要求相比，有的地方和部门对法治宣传教育重要性的认识还不到位，普法宣传教育机制还不够健全，实效性有待进一步增强。深入开展法治宣传教育，增强全民法治观念，对于服务协调推进"四个全面"战略布局和"十三五"时期经济社会发展，具有十分重要的意义。为做好第七个五年法治宣传教育工作，制定本规划。

一、指导思想、主要目标和工作原则

第七个五年法治宣传教育工作的指导思想是：高举中国特色社会主义伟大旗帜，全面贯彻党的十八大和十八届三中、四中、五中全会精神，以马克思列宁主义、毛泽东思想、邓小平理论、"三个代表"重要思想、科学发展观为指导，深入贯彻习近平总书记系列重要讲话精神，坚持"四个全面"战略布局，坚持创新、协调、绿色、开放、共享的发展理念，按照全面依法治国新要求，深入开展法治宣传教育，扎实推进依法治理和法治创建，弘扬社会主义法治精神，建设社会主义法治文化，推进法治宣传教育与法治实践相结合，健全普法宣传教育机制，推动工作创新，充分发挥法治宣传教育在全面依法治国中的基础作用，推动全社会树立法治意识，为"十三五"时期经济社会发展营造良好法治环境，为实现"两个一百年"奋斗目标和中华民族伟大复兴的中国梦作出新的贡献。

第七个五年法治宣传教育工作的主要目标是：普法宣传教育机制进一步健全，法治宣传教育实效性进一步增强，依法治理进一步深化，全民法治观念和全体党员党章党规意识明显增强，全社会厉行法治的积极性和主动性明显提高，形成守法光荣、违法可耻的社会氛围。

第七个五年法治宣传教育工作应遵循以下原则：

——坚持围绕中心，服务大局。围绕党和国家中心工作开展法治宣传教育，更好地服务协调推进"四个全面"战略布局，为全面实施国民经济和社会发展"十三五"规划营造良好法治环境。

——坚持依靠群众，服务群众。以满足群众不断增长的法治需求为出发点和落脚点，以群众喜闻乐见、易于接受的方式开展法治宣传教育，增强全社会尊法学法守法用法意识，使国家法律和党内法规为党员群众所掌握、所遵守、所运用。

——坚持学用结合，普治并举。坚持法治宣传教育与依法治理有机结合，把法治宣传教育融入立法、执法、司法、法律服务和党内法规建设活动中，引导党员群众在法治实践中自觉学习、运用国家法律和党内法规，提升法治素养。

——坚持分类指导，突出重点。根据不同地区、部门、行业及不同对象的实际和特点，分类实施法治宣传教育。突出抓好重点对象，带动和促进全民普法。

——坚持创新发展，注重实效。总结经验，把握规律，推动法治宣传教育工作理念、机制、载体和方式方法创新，不断提高法治宣传教育的针对性和时效性，力戒形式主义。

二、主要任务

（一）**深入学习宣传习近平总书记关于全面依法治国的重要论述**。党的十八大以来，习近平总书记站在坚持和发展中国特色社会主义全局的高度，对全面依法治国作了重要论述，提出了一系列新思想、新观点、新论断、新要求，深刻回答了建设社会主义法治国家的重大理论和实践问题，为全面依法治国提供了科学理论指导和行动指南。要深入学习宣传习近平总书记关于全面依法治国的重要论述，增强走中国特色社会主义道路的自觉性和坚定性，增强全社会厉行法治的积极性和主动性。深入学习宣传以习近平同志为总书记的党中央关于全面依法治国的重要部署，宣传科学立法、严格执法、公正司法、全民守法和党内法规建设的生动实践，使全社会了解和掌握全面依法治国的重大意义和总体要求，更好地发挥法治的引领和规范作用。

（二）**突出学习宣传宪法**。坚持把学习宣传宪法摆在首要位置，在全社会普遍开展宪法教育，弘扬宪法精神，树立宪法权威。深入宣传依宪治国、依宪执政等理念，宣传党的领导是宪法实施的最根本保证，宣传宪法确立的国家根本制度、根本任务和我国的国体、政体，宣传公民的基本权利和义务等宪法基本内容，宣传宪法的实施，实行宪法宣誓制度，认真组织好"12·4"国家宪法日集中宣传活动，推动宪法家喻户晓、深入人心，提高全体公民特别是各级领导干部和国家机关工作人员的宪法意识，教育引导一切组织和个人都必须以宪法为根本活动准则，增强宪法观念，坚决维护宪法尊严。

（三）深入宣传中国特色社会主义法律体系。坚持把宣传以宪法为核心的中国特色社会主义法律体系作为法治宣传教育的基本任务，大力宣传宪法相关法、民法商法、行政法、经济法、社会法、刑法、诉讼与非诉讼程序法等多个法律部门的法律法规。大力宣传社会主义民主政治建设的法律法规，提高人民有序参与民主政治的意识和水平。大力宣传保障公民基本权利的法律法规，推动全社会树立尊重和保障人权意识，促进公民权利保障法治化。大力宣传依法行政领域的法律法规，推动各级行政机关树立"法定职责必须为、法无授权不可为"的意识，促进法治政府建设。大力宣传市场经济领域的法律法规，推动全社会树立保护产权、平等交换、公平竞争、诚实信用等意识，促进大众创业、万众创新，促进经济在新常态下平稳健康运行。大力宣传有利于激发文化创造活力、保障人民基本文化权益的相关法律法规，促进社会主义精神文明建设。大力宣传教育、就业、收入分配、社会保障、医疗卫生、食品安全、扶贫、慈善、社会救助和妇女儿童、老年人、残疾人合法权益保护等方面法律法规，促进保障和改善民生。大力宣传国家安全和公共安全领域的法律法规，提高全民安全意识、风险意识和预防能力。大力宣传国防法律法规，提高全民国防观念，促进国防建设。大力宣传党的民族、宗教政策和相关法律法规，维护民族地区繁荣稳定，促进民族关系、宗教关系和谐。大力宣传环境保护、资源能源节约利用等方面的法律法规，推动美丽中国建设。大力宣传互联网领域的法律法规，教育引导网民依法规范网络行为，促进形成网络空间良好秩序。大力宣传诉讼、行政复议、仲裁、调解、信访等方面的法律法规，引导群众依法表达诉求、维护权利，促进社会和谐稳定。在传播法律知识的同时，更加注重弘扬法治精神、培育法治理念、树立法治意识，大力宣传宪法法律至上、法律面前人人平等、权由法定、权依法使等基本法治理念，破除"法不责众"、"人情大于国法"等错误认识，引导全民自觉守法、遇事找法、解决问题靠法。

（四）深入学习宣传党内法规。适应全面从严治党、依规治党新形势新要求，切实加大党内法规宣传力度。突出宣传党章，教育引导广大党员尊崇党章，以党章为根本遵循，坚决维护党章权威。大力宣传《中国共产党廉洁自律准则》、《中国共产党纪律处分条例》等各项党内法规，注重党内法规宣传与国家法律宣传的衔接和协调，坚持纪在法前、纪严于法，把纪律和规矩挺在前面，教育引导广大党员做党章党规党纪和国家法律的自觉尊崇者、模范遵守者、坚定捍卫者。

（五）推进社会主义法治文化建设。以宣传法律知识、弘扬法治精神、推动法治实践为主旨，积极推进社会主义法治文化建设，充分发挥法治文化的引领、熏陶作用，使人民内心拥护和真诚信仰法律。把法治文化建设纳入现代公共文化服务体系，推动法治文化与地方文化、行业文化、企业文化融合发展。繁荣法治文化作品创作推广，把法治文化作品纳入各级文化作品评奖内容，纳入艺术、出版扶持和奖励基金内容，培育法治文化精品。利用重大纪念日、民族传统节日等契机开展法治文化活动，组织开展法治文艺展演展播、法治文艺演出下基层等活动，满足人民群众日益增长的法治文化需求。把法治元素纳入城乡建设规划设计，加强基层法治文化公共设施建设。

（六）推进多层次多领域依法治理。坚持法治宣传教育与法治实践相结合，把法律条文变成引导、保障经济社会发展的基本规则，深化基层组织和部门、行业依法治理，深化法治城市、法治县（市、区）等法治创建活动，提高社会治理法治化水平。深入开展民主法治示范村（社区）创建，进一步探索乡村（社区）法律顾问制度，教育引导基层群众自我约束、自我管理。发挥市民公约、乡规民约、行业规章、团体章程等社会规范在社会治理中的积极作用，支持行业协会商会类社会组织发挥行业自律和专业服务功能，发挥社会组织对其成员的行为导引、规则约束、权益维护作用。

（七）推进法治教育与道德教育相结合。坚持依法治国和以德治国相结合的基本原则，以法治体现道德理念，以道德滋养法治精神，促进实现法律和道德相辅相成、法治和德治相得益彰。大力弘扬社会主义核心价值观，弘扬中华传统美德，培育社会公德、职业道德、家庭美德、个人品德，提高全民族思想道德水平，为全面依法治国创造良好人文环境。强化规则意识，倡导契约精神，弘扬公序良俗，引导人们自觉履行法定义务、社会责任、家庭责任。发挥法治在解决道德领域突出问题中的作用，健全公民和组织守法信用记录，完善守法诚信褒奖机制和违法失信行为惩戒机制。

三、对象和要求

法治宣传教育的对象是一切有接受教育能力的公民，重点是领导干部和青少年。

坚持把领导干部带头学法、模范守法作为树立法治意识的关键。完善国家工作人员学法用法制度，把宪法法律和党内法规列入党委（党组）中心组学习内容，列为党校、行政学院、干部学院、社会主义学院必修课；把法治教育纳入干部教育培训总体规划，纳入国家工作人员初任培训、任职培训的必训内容，在其他各类培训课程中融入法治教育内容，保证法治培训课时数量和培训质量，切实提高领导干部运用法治思维和法治方式深化改革、推动发展、化解矛盾、维护稳定的能力。加强党章和党内法规学习教育，引导党员领导干部增强党章党规党纪意识，严守政治纪律和政治规矩，在廉洁自律上追求高标准，自觉远离违纪红线。健全日常学法制度，创新学法形式，拓宽学法渠道。健全完善重大决策合法性审查机制，积极推行法律顾问制度，各级党政机关和人民团体普遍设立公职律师，企业可设立公司律师。把尊法学法守法用法情况作为考核领导班子和领导干部的重要内容。把法治观念强不强、法治素养好不好作为衡量干部德才的重要标准，把能不能遵守法律、依法办事作为考察干部的重要内容。

坚持从青少年抓起。切实把法治教育纳入国民教育体系，制定和实施青少年法治教育大纲，在中小学设立法治知识课程，确保在校学生都能得到基本法治知识教育。完善中小学法治课教材体系，编写法治教育教材、读本，地方可将其纳入地方课程义务教育免费教科书范围，在小学普及宪法基本常识，在中、高考中增加法治知识内容，使青少年从小树立宪法意识和国家意识。将法治教育纳入"中小学幼儿园教师国家级培训计划"，加强法治课教师、分管法治教育副校长、法治辅导员培训。充分利用第二课堂和社会实践活动开展青少年法治教育，在开学第一课、毕业仪式中有机融入法治教育内容。加强对高等院校学生的法治教育，增强其法治观念和参与法治实践的能力。强化学校、家庭、社会"三位一体"的青少年法治教育格局，加强青少年法治教育实践基地建设和网络建设。

各地区各部门要根据实际需要，从不同群体的特点出发，因地制宜开展有特色的法治宣传教育。突出加强对企业经营管理人员的法治宣传教育，引导他们树立诚信守法、爱国敬业意识，提高依法经营、依法管理能力。加强对农民工等群体的法治宣传教育，帮助、引导他们依法维权，自觉运用法律手段解决矛盾纠纷。

四、工作措施

第七个法治宣传教育五年规划从2016年开始实施，至2020年结束。各地区各部门要根据本规划，认真制定本地区本部门规划，深入宣传发动，全面组织实施，确保第七个五年法治宣传教育规划各项目标任务落到实处。

（一）健全普法宣传教育机制。各级党委和政府要加强对普法工作的领导，宣传、文化、教育部门和人民团体要在普法教育中发挥职能作用。把法治教育纳入精神文明创建内容，开展群众性法治文化活动。人民团体、社会组织要在法治宣传教育中发挥积极作用，健全完善普法协调协作机制，根据各自特点和实际需要，有针对性地组织开展法治宣传教育活动。积极动员社会力量开展法治宣传教育，加强各级普法讲师团建设，选聘优秀法律和党内法规人才充实普法讲师团队伍，组织开展专题法治宣讲活动，充分发挥讲师团在普法工作中的重要作用。鼓励引导司法和行政执法人员、法律服务人员、大专院校法律专业师生加入普法志愿者队伍，畅通志愿者服务渠道，健全完善管理制度，培育一批普法志愿者优秀团队和品牌活动，提高志愿者普法宣传水平。加强工作考核评估，建立健全法治宣传教育工作考评指导标准和指标体系，完善考核办法和机制，注重考核结果的运用。健全激励机制，认真开展"七五"普法中期检查和总结验收，加强法治宣传教育先进集体、先进个人表彰工作。围绕贯彻中央关于法治宣传教育的总体部署，健全法治宣传教育工作基础制度，加强地方法治宣传教育条例制定和修订工作，制定国家法治宣传教育法。

（二）健全普法责任制。实行国家机关"谁执法谁普法"的普法责任制，建立普法责任清单制度。建立法官、检察官、行政执法人员、律师等以案释法制度，在执法司法实践中广泛开展以案释法和警示教育，使案件审判、行政执法、纠纷调解和法律服务的过程成为向群众弘扬法治精神的过程。加强司法、行政执法案例整理编辑工作，推动相关部门面向社会公众建立司法、行政执法典型案例发布制度。落实"谁主管谁负责"的普法责任，各行业、各单位要在管理、服务过程中，结合行业特点和特定群体的法律需求，开展法治宣传教育。健全媒体公益普法制度，广播电视、报纸期刊、互联网和手机媒体等大众传媒要自觉履行普法责任，在重要版面、重要时段制作刊播普法公益广告，开设法治讲堂，针对社会热点和典型案（事）例开展及时权威的法律解读，积极引导社会法治风尚。各级党组织要坚持全面从严治党、依规治党，切实履行学习宣传党内法规的职责，把党内法规作为学习型党组织建设的重要内容，充分发挥正面典型倡导和反面案例警示作用，为党内法规的贯彻实施营造良好氛围。

（三）推进法治宣传教育工作创新。创新工作理念，坚持服务党和国家工作大局、服务人民群众生产生活，努力培育全社会法治信仰，增强法治宣传教育工作实效。针对受众心理，创新方式方法，坚持集中法治宣传教育与经常性法治宣传教育相结合，深化法律进机关、进乡村、进社区、进学校、进企业、进单位的"法律六进"主题活动，完善工作标准，建立长效机制。创新载体阵地，充分利用广场、公园等公共场所开展法治宣传教育，有条件的地方建设宪法法律教育中心。在政府机关、社会服务机构的服务大厅和服务窗口增加法治宣传教育功能。积极运用公共活动场所电子显示屏、服务窗口触摸屏、公交移动电视屏、手机屏等，推送法治宣传教育内容。充分运用互联网传播平台，加强新媒体新技术在普法中的运用，推进"互联网＋法治宣传"行动。开展新媒体普法益民服务，组织新闻网络开展普法宣传，更好地运用微信、微博、微电影、客户端开展普法活动。加强普法网站和普法网络集群建设，建设法治宣传教育云平台，实现法治宣传教育公共数据资源开放和共享。适应我国对外开放新格局，加强对外法治宣传工作。

五、组织领导

（一）切实加强领导。各级党委和政府要把法治宣传教育纳入当地经济社会发展规划，定期听取法治宣传教育工作情况汇报，及时研究解决工作中的重大问题，把法治宣传教育纳入综合绩效考核、综治考核和文明创建考核内容。各级人大要加强对法治宣传教育工作的日常监督和专项检查。健全完善党委领导、人大监督、政府实施的法治宣传教育工作领导体制，加强各级法治宣传教育工作组织机构建设。高度重视基层法治宣传教育队伍建设，切实解决人员配备、基本待遇、工作条件等方面的实际问题。

（二）加强工作指导。各级法治宣传教育领导小组每年要将法治宣传教育工作情况向党委（党组）报告，并报上级法治宣传教育工作领导小组。加强沟通协调，充分调动各相关部门的积极性，发挥各自优势，形成推进法治宣传教育工作创新发展的合力。结合各地区各部门工作实际，分析不同地区、不同对象的法律需求，区别对待、分类指导，不断增强法治宣传教育的针对性。坚持问题导向，深入基层、深入群众调查研究，积极解决问题，努力推进工作。认真总结推广各地区各部门开展法治宣传教育的好经验、好做法，充分发挥先进典型的示范和带动作用，推进法治宣传教育不断深入。

（三）加强经费保障。各地区要把法治宣传教育相关工作经费纳入本级财政预算，切实予以保障，并建立动态调整机制。把法治宣传教育列入政府购买服务指导性目录。积极利用社会资金开展法治宣传教育。

中国人民解放军和中国人民武装警察部队的第七个五年法治宣传教育工作，参照本规划进行安排部署。

全国人民代表大会常务委员会
关于开展第七个五年法治宣传教育的决议

（2016年4月28日第十二届全国人民代表大会常务委员会第二十次会议通过）

2011年至2015年，我国法制宣传教育第六个五年规划顺利实施，法治宣传教育在服务经济社会发展、维护社会和谐稳定、建设社会主义法治国家中发挥了重要作用。为深入学习宣传习近平总书记关于全面依法治国的重要论述，全面推进依法治国，顺利实施"十三五"规划，全面建成小康社会，推动全体公民自觉尊法学法守法用法，推进国家治理体系和治理能力现代化建设，从2016年至2020年在全体公民中开展第七个五年法治宣传教育，十分必要。通过开展第七个五年法治宣传教育，使全社会法治观念明显增强，法治思维和依法办事能力明显提高，形成崇尚法治的社会氛围。特作决议如下：

一、突出学习宣传宪法。坚持把学习宣传宪法摆在首要位置，在全社会普遍开展宪法宣传教育，重点学习宣传宪法确立的我国的国体、政体、基本政治制度、基本经济制度、公民的基本权利和义务等内容，弘扬宪法精神，树立宪法权威。实行宪法宣誓制度，组织国家工作人员在宪法宣誓前专题学习宪法。组织开展"12·4"国家宪法日集中宣传活动，教育引导一切组织和个人以宪法为根本活动准则。

二、深入学习宣传国家基本法律。坚持把学习宣传宪法相关法、民法商法、行政法、经济法、社会法、刑法、诉讼与非诉讼程序法等法律法规的基本知识，作为法治宣传教育的基本任务，结合学习贯彻创新、协调、绿色、开放、共享发展理念，加强对相关法律法规的宣传教育。在全社会树立宪法法律至上、法律面前人人平等、权由法定、权依法使等基本法治理念。

三、推动全民学法守法用法。一切有接受教育能力的公民都要接受法治宣传教育。坚持把全民普法和守法作为依法治国的长期基础性工作，加强农村和少数民族地区法治宣传教育，以群众喜闻乐见、易于接受的方式开展法治宣传教育，引导公民努力学法、自觉守法、遇事找法、解决问题靠法，增强全社会厉行法治的积极性、主动性和自觉性。大力弘扬法治精神，培育法治理念，树立法治意识，共同维护法律的权威和尊严。

四、坚持国家工作人员带头学法守法用法。坚持把各级领导干部带头学法、模范守法、严格执法作为全社会树立法治意识的关键。健全国家工作人员学法用法制度，将法治教育纳入干部教育培训总体规划。坚持把依法办事作为检验国家工作人员学法用法的重要标准，健全重大决策合法性审查机制，推行政府法律顾问制度，推动行政机关依法行政，促进司法机关公正司法。坚持把尊法学法守法用法情况作为考核领导班子和领导干部的重要内容。

五、切实把法治教育纳入国民教育体系。坚持从青少年抓起，制定青少年法治教育大纲，设立法治知识课程，完善法治教材体系，强化学校、家庭、社会"三位一体"的青少年法治教育格局，加强青少年法治教育实践基地建设，增强青少年的法治观念。

六、推进社会主义法治文化建设。把法治文化建设纳入现代公共文化服务体系，繁荣法治文化作品创作推广，广泛开展群众性法治文化活动。大力弘扬社会主义核心价值观，推动法治教育与道德教育相结合，促进法律的规范作用和道德的教化作用相辅相成。健全公民和组织守法信用记录，建立和完善学法用法先进集体、先进个人宣传表彰制度。

七、推进多层次多领域依法治理。坚持法治宣传教育与法治实践相结合，把法律规定变成引领保障经济社会发展的基本规范。深化基层组织和部门、行业依法治理，深入开展法治城市、法治县（市、区）、民主法治示范村（社区）等法治创建活动，提高社会治理法治化水平。

八、推进法治宣传教育创新。遵循现代传播规律，推进法治宣传教育工作理念、方式方法、载体阵地和体制机制等创新。结合不同地区、不同时期、不同群体的特点和需求，分类实施法治宣传教育，提高法治宣传教育的针对性和实效性，力戒形式主义。充分发挥报刊、广播、电视和新媒体新技术等在普法中的作用，推进互联网＋法治宣传教育行动。建立法官、检察官、行政执法人员、律师等以案释法制度，充分运用典型案例，结合社会热点，开展生动直观的法治宣传教育。加强法治宣传教育志愿者队伍建设。深化法律进机关、进乡村、进社区、进学校、进企业、进单位等活动。

九、健全普法责任制。一切国家机关和武装力量、各政党和各人民团体、企业事业组织和其他社会组织都要高度重视法治宣传教育工作，按照"谁主管谁负责"的原则，认真履行普法责任。实行国家机关"谁执法谁普法"的普法责任制，建立普法责任清单制度。健全媒体公益普法制度，落实各类媒体的普法责任，在重要频道、重要版面、重要时段开展公益普法。把法治宣传教育纳入当地经济社会发展规划，进一步健全完善党委领导、人大监督、政府实施、部门各负其责、全社会共同参与的法治宣传教育工作体制机制。

十、加强组织实施和监督检查。各级人民政府要积极开展第七个五年法治宣传教育工作，强化工作保障，做好中期检查和终期评估，并向本级人民代表大会常务委员会报告。各级人民代表大会及其常务委员会要充分运用执法检查、听取和审议工作报告以及代表视察、专题调研等形式，加强对法治宣传教育工作的监督检查，保证本决议得到贯彻落实。